10 Lições sobre
HANNAH ARENDT

Dados Internacionais de Catalogação na Publicação (CIP)
(Câmara Brasileira do Livro, SP, Brasil)

Oliveira, Luciano
  10 lições sobre Hannah Arendt / Luciano Oliveira. 4. ed. – Petrópolis, RJ : Vozes, 2014.
  Bibliografia.

  5ª reimpressão, 2020.

  ISBN 978-85-326-4386-5

  1. Arendt, Hannah, 1906-1975 2. Ética 3. Política – Filosofia I. Título.

12-05535   CDD-320.01

Índices para catálogo sistemático:
1. Arendt, Hannah : Ética e política   320.01

Luciano Oliveira

10 Lições sobre
HANNAH ARENDT

EDITORA VOZES

Petrópolis

© 2012, Editora Vozes Ltda.
Rua Frei Luís, 100
25689-900 Petrópolis, RJ
www.vozes.com.br
Brasil

Todos os direitos reservados. Nenhuma parte desta obra poderá ser reproduzida ou transmitida por qualquer forma e/ou quaisquer meios (eletrônico ou mecânico, incluindo fotocópia e gravação) ou arquivada em qualquer sistema ou banco de dados sem permissão escrita da editora.

CONSELHO EDITORIAL

Diretor
Gilberto Gonçalves Garcia

Editores
Aline dos Santos Carneiro
Edrian Josué Pasini
Marilac Loraine Oleniki
Welder Lancieri Marchini

Conselheiros
Francisco Morás
Ludovico Garmus
Teobaldo Heidemann
Volney J. Berkenbrock

Secretário executivo
João Batista Kreuch

Editoração: Fernando Sergio Olivetti da Rocha
Diagramação e capa: Sheilandre Desenv. Gráfico
Ilustração de capa: Omar Santos

ISBN 978-85-326-4386-5

Editado conforme o novo acordo ortográfico.

Este livro foi composto e impresso pela Editora Vozes Ltda.

Para Lillian – de quem Hannah Arendt teria gostado, porque sabe contar histórias que tornam as dores suportáveis.

Sumário

Introdução, 9

Primeira lição – De judia assimilada a judia errante, 19

Segunda lição – A celebridade depois do abismo: *Origens do totalitarismo*, 27

Terceira lição – Acertando contas com um "grande homem", 41

Quarta lição – A trilogia da ação I: *A condição humana*, 55

Quinta lição – A trilogia da ação II: *Sobre a Revolução*, 69

Sexta lição – A trilogia da ação III: *Da violência*, 83

Sétima lição – A banalidade do mal: *Eichmann em Jerusalém*, 93

Oitava lição – Controvérsias republicanas I: O Caso de Little Rock, 103

Nona lição – Controvérsias republicanas II: *A mentira na política*, 113

Décima lição – A volta ao primeiro amor: *A vida do espírito*, 121

Conclusão, 133

Referências, 139

Introdução

> *O que é você? Uma conservadora? Uma liberal?*
>
> *Não sei. Eu realmente não sei e nunca soube. Você sabe que a esquerda pensa que sou conservadora, e os conservadores às vezes pensam que sou de esquerda [...] Não penso que as verdadeiras questões deste século receberão qualquer espécie de esclarecimento dessa maneira.*
>
> Hannah Arendt, em entrevista.

"A história da cultura é um vasto cemitério de obras cadentes" – já se disse[1]. Essa reflexão me ocorre no momento em que começo este pequeno livro sobre Hannah Arendt, mas por um efeito de contraste: Arendt é hoje, no Brasil, uma brilhante estrela ascendente. Além de sua obra canônica já estar inteiramente publicada entre nós desde inícios dos anos de 1990, nos últimos tempos não param de aparecer novos títulos reunindo material inédito ou publicado em veículos de circulação limitada du-

---

1. LIMA, F.M. "O transitório e o permanente". *Continente Multicultural*, ano III, n. 33, set./2003. Recife.

rante a vida da autora – fenômeno restrito àqueles que atingem o raro patamar que seu simples nome evoca. Curiosamente, esse é um fenômeno recente. Tanto mais curioso que Arendt, diferentemente do que poderia pensar à primeira vista o leitor desprevenido que tenha sua atenção atraída por um desses títulos, não é uma autora de fácil digestão. Eventualmente, esse hipotético leitor tomará um susto ao verificar que, contrariamente à usual função assinalada à política de ser um meio para a construção de uma sociedade justa e igualitária – noutros termos, resolver a chamada "questão social" –, Arendt surpreende, quando não simplesmente choca o leitor, ao reiteradamente afirmar que a necessidade é um fenômeno pré-político que, como tal, não deve adentrar o espaço da "esfera pública", pelo risco que leva consigo de destruir a liberdade que deve aí reinar!

Uma postura dessas vai de tal forma de encontro ao que pensamos sobre a política, pelo menos nos últimos dois séculos, que uma questão óbvia já ocorreu a vários críticos de Hannah Arendt: se os homens submetidos à miséria são privados da liberdade que o espaço público da política requer, por que não fazer da sua superação um dos mais nobres objetivos da política? Arendt, que entre várias qualidades possuía "o dom de enfurecer seus interlocutores" por causa de algumas de suas ideias[2], respondia negativamente a essa questão! Não, evidentemente, no sentido de que pregasse a manutenção da pobreza – ainda que, a meu ver, o ideal de uma vida frugal esteja implícito nos seus escritos –, mas no sentido de que a sua superação relevaria de outra esfera que ela, não sem uma boa dose de arbitrariedade, chama de "social".

Desconcertante? Sem dúvida. Mas Arendt é uma autora desconcertante. Aliás, a decepção do nosso hipotético leitor não terminaria por aí. Numa cultura como a nossa, tendente a aderir quase automaticamente às teses mais "politicamente corretas", certas posturas arendtianas a classificariam, *ipso facto*, no rol dos reacionários mais renitentes. Preocupada com a questão racial – até pelo fato de ter sido vítima do racismo homicida do nazismo –, Arendt, nos anos de 1950, posicionou-se contra a integração forçada de alunos negros em escolas públicas americanas só frequentadas por brancos. (No Brasil de hoje, provavelmente seria contra as cotas raciais nas universidades públicas.) Ciosa da tradição e do preparo daqueles que chegam ao mundo

---

2. LAFER, C. "A política e a condição humana". In: ARENDT, H. *A condição humana*. Rio de Janeiro/São Paulo: Forense Universitária/Salamandra/Edusp, 1981, p. I.

como estrangeiros – as crianças –, lamentou a perda, na Modernidade, da antiga autoridade paterna que se impunha apenas pelo fato natural de que cabe aos pais guiar os filhos numa relação que não é nem de força nem de igualdade. Numa de suas frases cortantes, escreveu: "Um pai pode perder sua autoridade tanto batendo no filho quanto tentando argumentar com ele, ou seja, tanto se comportando como um tirano como tratando a criança como um igual"[3]. O "diálogo" entre pais e filhos, muitas vezes ainda fedelhos, hoje em dia tão na moda, certamente lhe causaria comichões de impaciência!

Como se vê só com esses exemplos (e haveria outros!), causa certa espécie a atual nomeada de que goza uma autora em muitos sentidos tão conservadora numa cultura tão sensível às teses mais progressistas como a nossa. Estaríamos diante de uma simples moda? A vassalagem também tão comum nessa mesma cultura diante de autores com alta cotação no exterior – e é o caso de Hannah Arendt – sugeriria que o seu pensamento, como já aconteceu com tantos outros, passará entre nós sem deixar mossa nem bossa? É possível. Em todo caso, vale a pena aproveitar o atual interesse que sua obra desperta para iniciar o leitor num pensamento dos mais fortes e significativos do século XX.

---

3. ARENDT, H. *Crises da República*. São Paulo: Perspectiva, 2006, p. 124.

Como disse, o interesse por Arendt é recente – entendendo por isso algo mais do que a simples existência dos seus livros no mercado, onde a maior parte deles está disponível há muito tempo. Só para dar um exemplo, a obra que projetou mundialmente o nome de Hannah Arendt em 1951, *Origens do totalitarismo*, foi publicada no Brasil em três partes entre 1975 e 1979 pela Editora Documentário[4]. Isso não significou, porém, uma circulação do seu pensamento além do pequeno círculo de acadêmicos ligados à filosofia ou à ciência política. Uma boa ilustração disso reside no fato de a prestigiosa coleção da Abril Cultural, *Os Pensadores*, cuja primeira edição remonta ao início dos anos de 1970, não tê-la incluído entre os autores a merecer essa qualificação – ainda que nela figurem nomes que são mais propriamente sociólogos, como Durkheim, ou mais propriamente psicólogos, como Piaget, havendo lugar até mesmo para um "comportamentalista" como Pavlov! Em relação a um público mais vasto, o interesse por sua obra vai se dar apenas a partir do início dos anos de 1980, quando todos os seus livros publicados em vida começam a ser editados ou reeditados entre nós.

Esses anos assinalam o processo de redemocratização no Brasil e, do lado do pensa-

---

[4]. Observo que, neste livro, estou utilizando edições mais recentes dessas obras, como consta nas Referências, ao fim do volume.

mento de esquerda, uma revisão de antigos dogmas e um inédito interesse por autores no passado ignorados, quando não simplesmente desdenhados. O interesse por Arendt, nesse contexto, parece consequência da dolorosa ressaca dos "anos de chumbo". Afinal, o seu pensamento contém uma exaltação e uma vibrante defesa dos direitos e das liberdades, e sobre isso, quaisquer que tenham sido seus exageros e suas diatribes contra os vários projetos políticos de redimir a humanidade por meio da revolução socialista, ela, que como judia alemã passou pela experiência do totalitarismo nazista, tinha muito a nos dizer – a nós que, nos anos de 1970, passamos pela experiência da ditadura militar e, nos anos de 1980, assistimos, boquiabertos e desolados, ao fracasso dos regimes socialistas que tentaram a remissão da humanidade justamente à custa desses direitos e dessas liberdades. E, de toda forma, não podemos exigir dos autores de nossa eleição que eles digam o que queremos ouvir, em lugar de ouvir o que eles têm a dizer! É nesse momento que a obra de Arendt surge como uma das referências a servir de inspiração ao pensamento de esquerda órfão dos seus antigos modelos. Em meados dos anos de 1980, por exemplo, Francisco Weffort, no seu *best-seller* sobre a democracia, chamava a atenção para a reflexão arendtiana sobre a causa da liberdade como sendo o "motivo essencial" das revoluções[5].

Discutir o pensamento arendtiano parecia, como continua parecendo, estar na ordem do dia. Nesse caso, porém, vale uma palavra de advertência na abertura de um livro dedicado à sua obra. Numa cultura colonizada como a nossa, convém nos precavermos contra a tentação de substituir modelos em crise por um pensamento que, em vários aspectos, simplesmente não serve para nós! Por que então lê-la? Espero, nos capítulos que se seguem, fornecer razões suficientes para isso. Há uma, porém, que gostaria desde logo de assinalar, muito embora, como argumento, ela seja frágil porque releva, como todo juízo estético, da esfera da subjetividade. Refiro-me à beleza do texto arendtiano, em vários momentos comparável à mais sofisticada literatura. Dificilmente o leitor de Hannah Arendt terá conhecido um autor que, exercendo o seu ofício no terreno frequentemente árido da filosofia política, tenha conseguido com igual maestria satisfazer a exigência de Roland Barthes do "saber com sabor".

---

5. WEFFORT, F. *Por que democracia?* São Paulo: Brasiliense, 1984, p. 105.

* * *

As *Lições* a seguir terão como *corpus* principal os seis livros monográficos que Arendt publicou em vida e mais um que veio à luz depois de sua morte em 1975. As remissões a essas obras, por comodidade, serão feitas pelas iniciais do título acompanhadas da página de onde foram extraídas, a saber: *Origens do totalitarismo* (OT), de 1951; *A condição humana* (CH), de 1958; *Eichmann em Jerusalém* (EJ) e *Sobre a Revolução* (SR), ambos de 1963; *Da violência* (DV), de 1970, e, finalmente, *A vida do espírito* (VE), publicado em 1978. A esse *corpus* acrescenta-se uma coletânea de textos importantes publicada em vida da autora: *Entre o passado e o futuro* (EPF), de 1961[6]. Sobre sua obra, o leitor poderá se remeter a dois autores brasileiros: Celso Lafer, precursor dos estudos arendtianos entre nós, que publicou ainda nos anos de 1970 *Hannah Arendt: pensamento, persuasão e poder*[7] e, mais tarde, *A reconstrução dos direitos humanos*[8], bem

---

6. Para a referência dessas obras, nas edições – todas brasileiras – que utilizei, o leitor deverá se remeter às Referências no final do livro. Indicações de outros textos da própria Arendt, mas também de outros autores, serão feitas de acordo com a sistemática de notas de pé de página.

7. Rio de Janeiro: Paz e Terra, 1979.

8. São Paulo: Companhia das Letras, 1988.

como João Maurício Adeodato, autor de *O problema da legitimidade*[9]. Entre os autores estrangeiros traduzidos entre nós, há que mencionar pelo menos duas biografias de que me vali generosamente para relatar dados de sua vida: o simpático – ainda que sumário – livro de Derwent May, *Hannah Arendt: uma biografia*[10] e, com bem maior fôlego, aquele que é considerado até agora o mais qualificado estudo sobre nossa autora: *Hannah Arendt: por amor ao mundo*, de Elizabeth Young-Bruehl[11]. As *Lições* que se seguem são devedoras tanto da leitura dos livros de Arendt quanto dessa bibliografia[12].

---

9. Rio de Janeiro: Forense Universitária, 1989.

10. Rio de Janeiro: Casa Maria/LTC, 1988.

11. Rio de Janeiro: Relume-Dumará, 1997.

12. Para não carregar o texto com notas no fundo dispensáveis, limitarei as referências às informações cuja fonte me pareça indispensável fornecer.

Primeira lição

De judia assimilada a judia errante

Todo dia é bom para nascer...
João XXIII

Hannah Arendt nasceu no ano de 1906 em Hannover, Alemanha, numa família de judeus assimilados. O epíteto refere-se a uma importante camada de judeus, se não ricos, pelo menos afluentes da Europa Ocidental, espiritualmente mais próximos do ideário iluminista do que das crenças religiosas que os judeus do Leste Europeu, geralmente mais pobres e expressando-se em *iídiche*, partilhavam com seus longínquos antepassados espalhados mundo afora pela Diáspora no ano 70 da Era Cristã. Com recuos e avanços, os dois países mais importantes da Europa Continental, a França e a Alemanha, tinham, pelo menos do ponto de vista jurídico, avançado ao longo do século XIX no tratamento da chamada "questão judaica" – a qual, em sua versão mais simples, aparecia sob a forma de uma pergunta que à época não soava escandalosa: são os judeus iguais aos demais cidadãos? A partir da Revolução de 1789 e sua célebre declaração anunciando que "todos os homens nascem livres e iguais", o impulso da modernidade que ela inaugurou foi no sentido de, paulatinamente, responder positivamente a essa questão.

Mas as coisas não fluíram sem atropelos. Assim, no ano de 1817, numa Renânia reincorporada à Prússia por decisão do Congresso de Viena que revogou várias medidas "emancipatórias" dos judeus promovidas por Napoleão, um certo Herschel Marx Levy teve de se converter à fé cristã e mudar seu nome para Heinrich Marx a fim de prosseguir uma bela carreira de jurista. Seu filho, Karl Marx, muitos anos depois, escreveu, ainda jovem, um texto *Sobre a questão judaica*, onde dizia que a verdadeira questão não era dar liberdade religiosa aos judeus, mas libertar a humanidade da alienação da religião. O jovem Karl, decididamente ateu, foi criado numa atmosfera intelectual muito pouco ortodoxa. Foi também numa atmosfera assim que se educou Hannah, frequentando escolas alemãs onde se formava o caráter lendo Goethe. No meio em que vivia, o judaísmo era mais uma herança cultural do que propriamente uma religião. A menina Hannah raramente ia à sinagoga, levada pela avó, e, como estudava numa escola de gentios, frequentava a escola dominical cristã. O grupo social a que pertenciam seus pais se considerava autenticamente alemão. Como disse a própria Arendt no relato da tragédia que se abateu sobre os judeus durante o julgamento de um dos seus carrascos,

> desde a Antiguidade romana, ou seja, desde o início da história europeia, os judeus fizeram parte, para o bem e para o mal, na miséria ou no esplendor, da comunidade europeia de nações; mas os últimos 150 anos estavam entre os melhores, e as ocasiões de esplendor foram tão numerosas que na Europa Central e Ocidental elas pareciam ser a norma. [Os judeus] não podiam mais imaginar uma vida judaica fora dos quadros da civilização europeia, como não podiam imaginar uma Europa *judenrein* [depurada de judeus] (EJ, 171).

Quando isso foi escrito, quarenta anos tinham se passado desde que a jovem Hannah foi para Marburgo estudar filosofia, atraída pelo renome de Heidegger – de quem, contando apenas 19 anos, ela se tornaria amante por alguns meses. Nada, então, sugeria que sua vida intelectual iria direcionar-se para um assunto até então estranho às suas cogitações: a política. Nos anos de formação Arendt sentira-se muito atraída pela teologia. Bem jovem, ficou impressionada com a obra do torturado Kierkegaard; na universidade frequentou os seminários do teólogo Rudolf Bultmann sobre o Novo Testamento;

e, ao escrever sua tese, sob a direção de Jaspers, escolheu como tema "O conceito de amor em Santo Agostinho". Mesmo longe de ter sido uma convertida – até porque, a partir da perseguição nazista, ela teve de assumir sua judeidade –, curiosamente Arendt, em muitos momentos de sua obra, faz referência à figura de Jesus, que sempre a fascinou. Teria essa mulher um dia escrito uma obra teológica de importância comparável à que produziu no terreno da filosofia política? A notável argúcia para perscrutar as dobras do coração humano, tão presente nos seus escritos, permite esse exercício de especulação. Mas aí, Hitler chegou ao poder e, como disse a própria Arendt, "foi como se o abismo se tivesse aberto"[13].

Judia assimilada numa Alemanha em que o antissemitismo, apesar da "emancipação dos judeus", larvava, Arendt tornou-se uma judia errante com a ascensão do nazismo ao poder. Depois do incêndio do *Reichstag* em Berlim, em 1933, pressagiou o que estava por vir ao passar uns dias detida pela polícia para averiguações e abandonou seu país em 1934, refugiando-se na França. Viveu o resto da década em Paris. Na Alemanha que ela deixara para trás os judeus estavam sendo obrigados a se desintegrar de um país que tinham se habitua-

---

13. Apud YOUNG-BRUEHL, E. Op. cit., p. 181.

do a considerar seu *Heimat* ("lar"). Como desconsolo adicional, o maior nome da filosofia alemã, Heidegger, tinha aderido ao regime. O fim da relação amorosa entre os dois foi doloroso, pelo menos para ela. Foi em razão dessa situação, desconfortável para ambos, que ele a encaminhou a Karl Jaspers, em Heidelberg, que a orientou em sua tese sobre Santo Agostinho. *Volo ut sis* – "quero que sejas". Segundo uma cronista de sua relação, foi com essa fórmula agostiniana para definir o amor que Heidegger a "despachou"[14] para o colega. O episódio amoroso frustrado esteve na raiz do seu segundo empreendimento intelectual, um livro sobre uma judia alemã do século XVIII, Rahel Varnhagen, na composição do qual tanto se refletem sua frustração amorosa quanto sua própria situação de judia numa sociedade que a estava transformando em pária. Iniciado e escrito em sua maior parte ainda na Alemanha (entre 1932 e 1933), o livro foi concluído em Paris, em 1938, e só foi publicado em 1958[15].

---

14. Apud ETTINGER, E. *Hannah Arendt/Martin Heidegger*. Rio de Janeiro: Zahar, 1996, p. 39.

15. Há tradução brasileira: *Rahel Varnhagen*: a vida de uma judia alemã na época do Romantismo. Rio de Janeiro: Relume-Dumará, 1994.

Rahel, de nascimento Levin, nasceu em 1771 numa rica família de comerciantes judeus de Berlim. Jovem, manteve um *salon* frequentado por intelectuais berlinenses. Personagem até certo ponto frívola, viveu dois casos amorosos frustrantes e, na maré montante de renascimento do antissemitismo que se seguiu à restauração das antigas restrições aos judeus ao final das guerras napoleônicas, mudou o nome para Rahel Robert. Ou seja: para manter sua posição social, tinha-se "cristianizado". Em 1814 casa-se com um certo Varnhagen, de quem adotou o nome. Mas, já na velhice, pouco antes de falecer, assumiu finalmente o seu judaísmo e aceitou a condição de pária em que paulatinamente tinha se tornado. Durante muito tempo relegado a um quase esquecimento no meio de suas obras mais fulgurantes[16], o livro sobre Rahel, ao ser hoje em dia relido, ilumina eventos da condição de Arendt como mulher, mas, sobretudo, como judia assimilada que vai sendo aos poucos privada do seu "lugar peculiar no mundo" e tangida de um lado para outro, tornando-se uma errante. É nele que os conceitos de pária e de *parvenu*[17] – da lavra de Bernard Lazare, socialista e sionista francês –, tão

---

16. Afinal, *Rahel* foi publicado em 1958, o mesmo ano em que apareceu uma de suas obras-primas, *A condição humana*.

17. Significando arrivista, o termo é sempre utilizado por Arendt na sua grafia original.

significativos na sua primeira grande obra, *Origens do totalitarismo*, fazem sua aparição.

Em Paris, aguçou a consciência do que significava o judaísmo como um "fato da vida" de que nenhum judeu poderia se livrar: ao se manter à parte da sociedade que o acolhia, o suportava ou, de tempos em tempos, o perseguia, era um pária; se, ao contrário, fazia esforços de assimilação e era bem-sucedido, era apontado como um *parvenu*. No exílio parisiense aproximou-se do movimento sionista, trabalhando em organizações empenhadas na emigração de jovens judeus para a Palestina. No *Quartier Latin* frequentou os famosos *cafés* em companhia de "boêmios" como Walter Benjamin e Bertolt Brecht, igualmente reduzidos à condição de párias, e conheceu o companheiro definitivo de sua vida, Heinrich Blüchner, com quem viveu um casamento que durou mais de trinta anos e só terminou com a morte deste em 1970. Datam dessa época suas primeiras colisões com o *establishment* judeu, no caso o Consistório de Paris, a quem ela recriminava uma "diplomacia de bastidores e sem alarde, conduzida por 'notáveis' judeus"[18], no trato da questão da perseguição aos judeus. Para ela, Hitler tinha declarado guerra ao seu povo, e cabia revidar pelas armas, formando uma força de combate para atuar numa guerra que mais cedo ou mais tarde vi-

---

[18]. YOUNG-BRUEHL, E. Op. cit., p. 131.

ria. Quando veio, ela foi obrigada a se tornar outra vez uma errante.

Em janeiro de 1941, depois de um breve período de internamento num campo para refugiados procedentes da Alemanha – de onde conseguiu escapar no meio da confusão geral que se seguiu à capitulação da França no ano anterior –, Hannah atravessou a Espanha e chegou até Lisboa, de onde seguiu para os Estados Unidos, país do qual se tornou cidadã em 1951 e onde viveu até o fim dos seus dias em dezembro de 1975. Em abril desse mesmo ano, portanto numa de suas últimas aparições públicas, por ocasião do recebimento do Prêmio Sonning que lhe foi conferido pelo governo da Dinamarca por sua contribuição à civilização europeia, Arendt mostrou-se mais uma vez grata ao país que a acolheu, observando que uma das coisas que a maravilharam nos Estados Unidos "foi precisamente a liberdade de me tornar cidadã sem ter de pagar o preço da assimilação"[19]. A experiência de judia errante vivida na própria pele – isto é, de apátrida despejada de sua comunidade política – foi crucial e definitiva, direcionando seus interesses intelectuais e reverberando nos seus livros até o fim da vida.

---

19. ARENDT, H. *Responsabilidade e julgamento*. São Paulo: Companhia das Letras, 2004, p. 66.

Segunda lição

A celebridade depois do abismo:
Origens do totalitarismo

> *Eu lhe escrevi contando que há uma semana me tornei capa de revista e tive que olhar para mim mesma em todas as bancas de jornal?*
>
> Hannah Arendt, em carta para Karl Jaspers.

Escrito entre 1945 e 1949, *Origens do totalitarismo* foi publicado em 1951. Nesse momento, a situação do casal Blüchner nos Estados Unidos – que já tinha vivido sob uma dieta de grão-de-bico e repolho – tinha melhorado, mas o grande livro ainda foi escrito com Hannah e Heinrich habitando um quarto numa casa de cômodos, dividindo com outros moradores uma cozinha comum. A informação talvez ajude a compreender melhor a indiferença de Arendt, como pensadora, em relação à "questão social", ao nos lembrarmos, de um lado, de sua

27

experiência de judia errante podendo a qualquer momento ser deportada para seu país de origem – de onde seria enviada para um lugar sinistro chamado Auschwitz –, e, de outro, do sentimento de gratidão que experimentou quando chegou ao país que a acolheu. É como se essas experiências estivessem na raiz de sua convicção de que existem coisas piores do que a pobreza. No momento da publicação do livro, Hannah era uma senhora de 45 anos que trabalhava nos setores do jornalismo e da edição, mas pouco conhecida além do círculo de intelectuais nova-iorquinos – muitos deles judeus – interessados na nova "questão judaica" que aflorou quando se descobriu a verdadeira dimensão dos campos de extermínio nazistas. O livro fez dela uma celebridade.

Durante sua elaboração chegou a ter outro título provisório: *Os três pilares do inferno*. Ele faria mais justiça à paixão e à profundidade do livro do que aquele com que finalmente chegou às livrarias – um título neutro, mais apropriado à análise de um cientista político convencional, o que Arendt não era. O que eram esses "três pilares"? A resposta está nos títulos das três partes que comporiam o livro na sua concepção original: o *antissemitismo*, o *imperialismo* e o *racismo*. Na versão final, o terceiro pilar foi incorporado à parte relativa ao imperialismo e o livro ganhou uma nova seção que, figurando no título, é a sua própria razão de ser: o *totalitarismo*. Ao anunciar que vai tratar de suas *origens*, ele pode levar a supor que a autora propõe uma explicação para o surgimento do fenômeno totalitário. Mas não é bem assim. Arendt não trabalhava com a ideia de "explicação", que remete naturalmente à de "causalidade", mas com a noção de "cristalização" – ou seja, com "elementos 'subterrâneos' que se *cristalizam* em uma nova forma de governo" – como lembra Jerome Kohn[20]. Anos depois, num dos seminários na *New School* de Nova York, Arendt esboçou um esclarecimento sobre o seu método – ausente no livro:

> Os elementos do totalitarismo formam suas origens se por origens não compreendermos "causas". A causalidade, isto é, um fator de determinação de um processo de acontecimentos no qual um acontecimento sempre causa e pode ser explicado por outro, é provavelmente uma categoria inteiramente estranha e falsificadora no reino das ciências históricas e políticas. Os elementos, por si mesmos, provavelmente nunca causam nada. Tornam-se origens de

---

20. KOHN, J. "Introdução". In: ARENDT, H. *A promessa da política*. Rio de Janeiro: Difel, 2008, p. 13-14 [itálico meu].

acontecimentos se e quando se cristalizam em formas fixas e definidas. Então, e apenas então, podemos retraçar a sua história. *O acontecimento ilumina seu próprio passado, mas nunca pode ser deduzido do mesmo*[21].

Para Arendt, o antissemitismo moderno, o "primeiro pilar", não se confunde com o velho "ódio ancestral do judeu", de inspiração religiosa. Trata-se, agora, de uma "ideologia laica", ligada às condições da sociedade europeia do século XIX que redefiniram o papel dos judeus no seu interior: de banqueiros das cortes medievais, numa Europa sem estados-nações, eles passaram à condição de minorias exóticas no interior de fronteiras bem definidas. A velha hostilidade cristã contra o povo que tinha matado o Filho de Deus – que obviamente não desapareceu inteiramente – não foi a mesma que Hitler mais tarde expressou e mobilizou, mas constituía um legado de animosidade que podia ser reavivado a qualquer instante, como foi. Os judeus, por seu lado, julgando-se a salvo numa Europa "esclarecida", nunca se protegeram de modo coeso contra essa hostilidade, divididos entre judeus assimilados e a maioria que se recolheu às suas tradições e evitou tomar parte na vida política ou social dos países onde viviam.

---

21. Apud YOUNG-BRUEHL, E. Op. cit., p. 195 [itálicos meus].

Nenhum dos dois grupos estava a salvo de um julgamento maledicente: os primeiros seriam sempre considerados *parvenus*; os segundos, párias. Num capítulo rico em acuidade psicológica, Arendt explora o papel que teve na perpetuação do "exotismo" judeu o caso do primeiro-ministro da rainha Vitória, Benjamin Disraeli, figura excêntrica que explorou ao máximo a aura de *glamour* e mistério sobre si mesmo, contribuindo para a ideia de que os judeus eram um povo dotado de uma capacidade inata para a conspiração. No caso, bem-sucedida, haja vista a importância que teve na aventura imperialista – que, justamente, viria a ser o "segundo pilar" do inferno. Arendt acusa Disraeli de ser um dos responsáveis pela convicção, tão espalhada no senso comum, de que os judeus constituiriam uma força internacional capaz de manipular as alavancas da política mundial – combustível perigoso a alimentar o mito do "judeo-bolchevismo" tão caro à obtusa visão de mundo de Hitler.

Esse antissemitismo laico recebeu um impulso importante com o Caso Dreyfus, que dividiu a França entre finais do século XIX e inícios do XX. Dreyfus, oficial do Estado-maior do exército francês – outro exemplo de *parvenu* –, foi injustamente acusado de espionagem em favor da Alemanha, num processo em que o verdadeiro culpado foi acobertado por seus colegas de farda, num ambiente em que o antissemitismo, obviamente, teve o seu papel. A campanha promovida pelos *antidreyfusards* mobilizou contra os "impatrióticos" judeus, com uma violência que antecipava o que iria acontecer na Alemanha nazista, os "desarraigados" das grandes cidades – uma categoria com que Arendt qualifica os indivíduos anônimos e sem raízes das metrópoles modernas. Aqui entra em cena um novo e crucial personagem: a "ralé"[22]. Arendt distingue – mas essa distinção não é bem delimitada empiricamente – as classes, a massa e a ralé. Sucintamente ela diz que "a ralé é fundamentalmente um grupo no qual são representados resíduos de todas as classes" (OT, 129). Entre uma coisa e outra haveria uma figura intermediária, as massas, contingente típico das sociedades urbanas modernas que, não por acaso, são consideradas "sociedades de massa". Arendt assim define o que considera como tal:

> O termo massa só se aplica quando lidamos com pessoas que, simplesmente devido ao seu número, ou à sua indiferença, ou a uma mistura de ambos, não se podem integrar numa organização baseada no interesse comum, seja partido político, organização profissional ou sindicato de trabalhadores (OT, 361).

---

[22]. Esse é o termo com que, no Brasil, normalmente se traduz o que no original Arendt chamou de *mob*. Acho que a tradução acrescenta ao original um elemento de desprezo mais drástico do que o existente no termo escolhido pela autora – cuja tradução mais literal seria "turba".

Uma de suas características mais marcantes seria a "apatia, e até mesmo hostilidade, em relação à vida pública" (OT, 363). Arendt avança a tese, capaz de eriçar a indignação de qualquer intelectual de formação marxista, de que nas sociedades modernas – dominadas pelo anonimato da multidão – as classes sociais propriamente ditas teriam desaparecido, substituídas pelas massas que "surgiram dos fragmentos da sociedade atomizada" (OT, 367). Temos então: classes, massas e, aparentemente numa escala de degradação, a ralé, formada por "resíduos de todas as classes". E é desse barro que vai surgir a nata dos líderes totalitários, com especial ênfase para o caso do nazismo:

> os mais talentosos líderes de massa de nossa época provinham da aparelhagem conspirativa do partido, onde se misturavam proscritos e revolucionários. O antigo partido de Hitler, composto quase exclusivamente de desajustados, fracassados e aventureiros, constituía na verdade "um exército de boêmios" (OT, 367).

Numa palavra, da ralé. Contingentes importantes dessa camada social, aos quais se juntavam aristocratas na miséria, forneceram o tipo humano que viu na aventura colonial uma oportunidade de ser alguém à base do único atributo que os distinguia dos povos que dominaram: pertencerem à raça branca, "superior". Arendt mostra como o imperialismo levou para vastas extensões do planeta a quebra das tradições do humanismo iluminista e o ataque mais arrasador aos direitos do homem de que os povos da Europa poderiam ser acusados, antecipando o espírito totalitário. Terras e povos inteiros caíram sob o domínio não da *lei*, mas do *decreto*, junto com a ideia de que havia pessoas de que as autoridades administrativas podiam dispor ao seu alvitre. É útil lembrar que as primeiras experiências com campos de concentração para insurretos, bem como os assassinatos em massa conhecidos pelo eufemismo insuperável de "massacres administrativos", datam dessa época e foram invenções da burocracia colonial, notadamente na África.

No continente europeu os movimentos pan-eslavo e pan-germânico faziam seu caminho nos dois países que perderam ou chegaram tarde demais à corrida imperialista, a Rússia e a Alemanha, exatamente aqueles que viveram a experiência totalitária. Especialmente na Alemanha, as ideias expansionistas logo iriam revestir-se de atração especial para os "desenraizados" no contexto da turbulenta República de Weimar, onde uma espécie de "nacionalismo tribal" começou a procurar inimigos e encontrou-os nos "impatrióticos" de sempre: os judeus. Com efeito, ao final da Primeira Guerra Mundial, a humilhação, a perda de esperança e, por fim, a hiperinflação do final dos anos de 1920 e seus níveis desesperadores de desemprego criaram as condições para que um "boêmio" de cervejaria promovesse a "abertura do abismo". Para Arendt, como sublinha no final do livro, uma vez tendo irrompido na história, o totalitarismo, da mesma maneira que outras formas de governo – monarquias, repúblicas, ditaduras e despotismos –, por mais monstruoso que seja, "tende infelizmente a ficar conosco de agora em diante [...] como potencialidade e como risco" (OT, 531):

> As soluções totalitárias podem muito bem sobreviver à queda dos regimes totalitários sob a forma de forte tentação que surgirá sempre que pareça impossível aliviar a miséria política, social e econômica de um modo indigno do homem (OT, 511).

Essa advertência final pretende ter uma abrangência teórica para além do contexto específico que viu nascer o totalitarismo na Alemanha nazista e na Rússia stalinista. Arendt insiste, na análise da *cristalização* do fenômeno totalitário, na conjunção de duas experiências modernas de forma alguma exclusivas desses dois países: o "desarraigamento e a superfluidade que atormentavam as massas modernas desde o começo da Revolução Industrial" e "o colapso das instituições políticas e tradições sociais do nosso tempo" (OT, 528)[23]. Nesse sentido, "o impiedoso processo no qual o totalitarismo engolfa e organiza as massas parece uma fuga suicida dessa realidade" (OT, 530). Aqui estamos próximos de um terreno familiar, o da Escola de Frankfurt e suas críticas das sociedades de massa modernas. Basta lembrar um dos frankfurtianos mais exitosos, Erich Fromm, e suas análises do nazismo também em termos de uma "fuga totalitária da liberdade": se, de um lado, a liberdade moderna nos torna autônomos, de outro nos angustia com a insegurança – que vai da psicológica à econômica – que essa autonomia enseja[24]. Nessas condições, em contextos de crise é quase irresistível a tentação de refugiar-se num movimento como o nazismo, que promete ao mesmo tempo ódio tribal e emprego para todos.

É a maneira poderosa como Arendt enfrenta essas questões que dá ao seu texto um poder de arrebatamento que o coloca a uma grande distância da análise sociológica convencional. É o que acontece com suas análises sobre o *isolamento* e a *solidão* do homem moderno. O isolamento, um dos elementos cristalizadores

---

23. Nesse sentido, o título da edição inglesa do livro, *The Burden of our time* (O fardo do nosso tempo), é mais expressivo e mais adequado ao seu espírito do que o título original.

24. FROMM, E. *O medo à liberdade*. Rio de Janeiro: Zahar, 1960.

da experiência totalitária, não lhe é exclusivo, pois qualquer tirania também "não poderia existir sem destruir a esfera da vida pública, isto é, sem destruir, através do isolamento dos homens, as suas capacidades políticas" (OT, 527). Mas o totalitarismo, além disso, destrói também a vida privada, seja pelo terror que transforma cada cidadão num suspeito, seja por engolfá-lo num turbilhão que transforma cada homem numa peça descartável de um "movimento" incessante sempre em busca de inimigos – que pode ser qualquer um, inclusive ele mesmo! O totalitarismo, assim, lhe parece "a mais horrível forma de governo" (OT, 51), pois não se limita a destruir o espaço público, como faz qualquer tirania que se preze, acrescentando ao isolamento a experiência de *sentir-se* desamparado e, portanto, só. Numa de suas frases expressivas, Arendt diz que ele "se baseia na solidão, na experiência de não se pertencer ao mundo, que é uma das mais radicais e desesperadas experiências que o homem pode ter" (OT, 527).

Arendt brilha nesses *insights*. Um deles diz respeito à lógica inerente à maneira totalitária de pensar. O verdadeiro pensamento, para ela, é "a mais livre e a mais pura das atividades humanas, é exatamente o oposto do processo compulsório de dedução" (OT, 526). Nesta, dadas determinadas premissas – por exemplo: 2 + 2 –, o resultado não poderá ser outro senão quatro. Analogamente, o pensamento totalitário elege "leis históricas" como a "sobrevivência dos mais aptos", no caso do nazismo, ou a "sobrevivência da classe mais progressista", no caso do comunismo, à condição de premissas (OT, 516); e, a partir daí, operando dentro do princípio da "fuga suicida da realidade", tudo se encaixa num processo de "dedução" torpe, mas lógico. Dentro desse quadro de referência Arendt escreverá páginas insuperáveis sobre a inacreditável facilidade com que o stalinismo sempre foi capaz de encontrar sinceros comunistas prontos a assumir publicamente crimes que – alguns por serem simplesmente surrealistas – nunca poderiam ter cometido. Diz Arendt: "Não se pode dizer A sem dizer B e C, e assim por diante, até o fim do mortífero alfabeto" (OT, 525). E explica: se todos concordam que a história é uma permanente luta de classes e que, nela, muitos crimes serão cometidos, o Partido deverá velar para que nenhum, mesmo aqueles que permanecem secretos, deixe de ser punido. Para pôr fim a esse dilema, o Partido, de tempos em tempos, convocará um militante e lhe dirá:

> Tu, portanto, ou cometeste os crimes ou foste convocado pelo Partido para desempenhar o papel de criminoso. [...] Se não confessares, deixarás de ajudar a história

através do Partido, e te tornarás um verdadeiro inimigo. A força coercitiva do argumento é: se te recusas, te contradizes e, com essa contradição, toda a tua vida perde o sentido; pois o A que pronunciaste domina toda a tua vida (OT, 525).

Contra essa lógica tirana que tantas vezes se mostrou eficaz, Arendt dirá que "nada se pode erguer senão a capacidade de começar algo novo" (OT, 525) – aquilo que depois ela chamará de *ação*, tema que a mobilizará intelectualmente nos anos seguintes e que virá a ocupar um lugar central na sua obra.

 Terceira lição

Acertando contas com um "grande homem"

> *[...] criticarei Karl Marx – o que é lamentável numa época em que tantos escritores, que antes ganharam o seu sustento indo buscar, explícita ou tacitamente, inspiração na grande riqueza das ideias e visões marxistas, decidiram tornar-se antimarxistas profissionais.*
>
> Hannah Arendt

Depois da publicação de *Origens do totalitarismo* passaram-se sete anos até o aparecimento do seu livro seguinte, *A condição humana*, publicado em 1958. Mas ela não permaneceu inativa durante o longo intervalo. O livro sobre o totalitarismo, apesar da admiração que provocou, também recebeu severas críticas; entre elas a de que considerar o comunismo e o nazismo como variantes de um mesmo fenômeno totalitário era abusivo, no limite uma contribuição de uma autora "americana" à Guerra Fria.

41

Com efeito, em relação ao parentesco aparentemente espúrio entre nazismo e comunismo, ela tinha sido bastante clara:

> Na prática, pouco importa que os movimentos totalitários adotem os padrões do nazismo ou do bolchevismo, que organizem as massas em nome de classes ou de raças, ou que pretendam seguir as leis da vida e da natureza ou as da dialética e da economia (OT, 363).

Entretanto, malgrado sua notória cabeçadura, Arendt reconheceu que a análise das raízes teóricas do comunismo não tinha a mesma solidez que a análise das ideias que levaram à experiência nazista, um assunto que conhecia bem melhor. Derwent May, no livro que lhe dedica, relatando uma entrevista que fez com Isaiah Berlin, russo de origem e um crítico implacável de Arendt, dele ouviu, "sem dúvida com um laivo de maldade consciente", um comentário venenoso: "Ela não menciona um único fato sobre a Rússia que esteja correto"[25]. Mas não se trata apenas de fatos. A própria estrutura da argumentação arendtiana, dividida em três grandes partes, parece capenga, quando não um tanto forçada, para nela caber a Rússia

---

25. MAY, D. Op. cit., p. 58.

soviética – que, aliás, é discutida apenas na última parte do livro, reforçando a impressão de que foi uma inclusão tardia e *ad hoc*.

Recordemos que ela vê no *totalitarismo* a "cristalização" de dois precedentes: o *antissemitismo* e o *imperialismo*, ambos fenômenos onde o racismo tem um papel mais do que relevante. Nesse caso, parece até natural situá-los como "antecedentes" do nazismo, um regime cuja essência reside na ideia de *raça*. Mas fazer de tais fenômenos dois antecedentes também do comunismo – uma ideologia baseada na ideia diversa de *classe* – não parece muito convincente. Afinal, malgrado o pavoroso ativo de crimes promovido por Stalin, o marxismo – herdeiro da economia política inglesa, do socialismo francês e do idealismo alemão, como já se disse – estava ligado à melhor tradição do pensamento europeu, diferentemente do nazismo e sua estupidez ingênita. Eventualmente Arendt concordava com as críticas. Num curso que deu em 1965, ela chega, um tanto surpreendentemente, a reconhecer uma superioridade *moral* do comunismo em relação ao nazismo, no momento em que faz uma crítica à "crença ingênua" de figuras como Trotski e Lenin de que, "uma vez mudadas as circunstâncias pela revolução, a humanidade seguirá automaticamente os poucos preceitos morais que têm sido conhecidos e repetidos desde a aurora da história". E, referindo-se às "fábricas de morte" conscientemente elaboradas nos campos de concentração nazistas – nisso diferentes, pelo menos em tese, dos "campos de trabalho" soviéticos, que não tinham um desiderato exterminatório –, chega a dizer: "Acho justificável, com base em dados factuais, sustentar que *moralmente, embora não socialmente*, o regime nazista foi muito mais extremo do que o regime de Stalin nos seus piores momentos"[26].

Seja como for, Arendt programou examinar mais detidamente a influência das ideias marxistas no desenvolvimento do totalitarismo soviético. Foi desse exame que resultou *A condição humana*, mas o resultado diferiu bastante do que foi inicialmente pensado, ainda que boa parte do projeto original subsista sob a forma de um constante e crítico diálogo com o pensamento de Marx – que ela qualifica de "grande homem" (CH, 89). A ideia inicial era escrever algo que se chamaria "Elementos totalitários no marxismo". Paralelamente a isso, depois de uma troca de ideias com o velho mestre que nunca deixou de reverenciar, Karl Jaspers, germinou o

---

[26]. ARENDT, H. "Algumas questões de filosofia moral". *Responsabilidade e julgamento*. Op. cit., p. 117 [itálicos meus].

projeto de escrever também um livro que se chamaria "Introdução *na* política"[27]. O itálico na conjunção não é da autora, mas de Jerome Kohn[28], para sublinhar o fato de que não se trataria de algo como um "manual" dizendo o que é a política na história dos homens, mas um chamamento a que eles a reconsiderem e nela ingressem!

O leitor deve suspender um eventual julgamento apressado. Não é a intenção de Arendt conclamar seus concidadãos a inscrever-se num partido político ou em algum comitê de campanha – instituições pelas quais nutria muitas vezes um indisfarçável desdém. Quando Arendt se refere à política num sentido positivo, está se referindo ao que foi a experiência da *polis* grega! Arendt, recordemos, foi aluna de Heidegger e deste guardou algo do seu método: "A volta dele aos filósofos gregos, sua luta com a etimologia mesma das palavras que eles utilizaram, para lhes recapturar a primeira e fresca apreensão da maravilha e terror do Ser"[29]. Seguindo suas pegadas, Arendt repetidas vezes

---

27. KOHN, J. Op. cit., p. 7-8.
28. Ibid., p. 8, nota 2.
29. MAY, D. Op. cit., p. 23.

explicita a sua visão da política como estando baseada na experiência grega clássica. Em *A condição humana* um capítulo sobre o que seria a essência da ação política se chama, exatamente, "A solução grega" (CH, 205). E mais tarde dirá:

> Empregar o termo "político" no sentido da *polis* grega não é nem arbitrário nem descabido. Não é apenas etimologicamente e nem somente para os eruditos que o próprio termo, que em todas as línguas europeias ainda deriva da organização historicamente ímpar da cidade-estado grega, evoca as experiências da comunidade que pela primeira vez descobriu a essência e a esfera do político (EPF, 201).

A resposta sobre o que seria tal essência, que ela exploraria mais sistematicamente no livro de 1958, já está no conjunto de manuscritos escritos em alemão[30] que só em 1993 foram publicados na

---

[30]. Hannah, que chegou aos Estados Unidos em 1941 conhecendo do inglês apenas dois sonetos de Shakespeare, mergulhou com afinco na nova língua e o *Origens* já foi escrito em inglês. Ela sempre teve amigos americanos que a ajudavam no processo de "inglesamento" dos seus textos, mas toda a sua obra daí em diante, com algumas exceções (como é o caso desse texto sobre a *política*), foi escrita na língua do país que a adotou.

Alemanha com o título *Wast ist Politik?*[31], e que Jerome Kohn publicou numa versão inglesa com o título "Introdução *na* política", preservando assim a ideia de *intro-ducere* – "fazer entrar". Foi na Grécia Antiga – mais exatamente em Atenas –, na época do seu maior esplendor, que ela, a *política*, apareceu, num espaço um tanto simbólico que os gregos chamaram de *polis*. Ali, os homens livres e iguais – aqueles que estavam libertos das necessidades laborais da vida – compareciam e davam-se à experiência política por excelência, a *ação* – ou seja, o ato de vir a público e, em companhia de seus pares, iniciar com palavras e atos algo novo cujo resultado não pode ser conhecido de antemão.

Diferentemente do que pode parecer ao senso comum que tradicionalmente vincula o "milagre grego" à época da imbatível tríade Sócrates-Platão-Aristóteles, a *polis* ateniense que Arendt tanto admira é anterior ao período que Platão inaugura. Citando-a: "A política como tal existiu tão raramente e em tão poucos lugares, que, falando historicamente, só umas poucas épocas extraordinárias a conheceram"[32]. Na Grécia Antiga essa "época

---

31. Editado por Ursula Ludz, está traduzido no Brasil: *O que é política?* Rio de Janeiro: Bertrand Brasil, 1998. Neste livro, entretanto, estou usando a versão editada por Jerome Kohn e reproduzida em *A promessa da política*, já referido.

32. Ibid., p. 174.

extraordinária" já tinha passado quando emergiu o pensamento político grego que mais conhecemos, do qual Platão e Aristóteles são os nomes mais conhecidos. Mas o período inaugurado pelos diálogos socráticos já assinala a decadência da *polis*, e tal decadência, pelo menos no plano teórico, chega a ser debitada na conta de ninguém menos do que o próprio Platão – pelo seu esforço de "libertar o filósofo dos assuntos políticos". Por que isso? Porque foi a *polis* ateniense quem condenou Sócrates à morte! A explicação é dada pela própria Arendt:

> O hiato entre a filosofia e a política se abriu historicamente com o julgamento e condenação de Sócrates, que na história do pensamento político é um momento crítico análogo ao julgamento e condenação de Jesus na história da religião. Nossa tradição de pensamento político começou quando a morte de Sócrates levou Platão a desesperar da vida da *polis*[33].

Viriam daí, de um lado, a hostilidade platônica ao reino das opiniões múltiplas e voláteis vigentes na *polis*, onde as decisões seriam fruto de um exercício permanente de discussão e persuasão, e, de outro, a valorização da figura do "rei-filósofo",

---

33. ARENDT, H. "Sócrates". *A promessa da política*. Op. cit., p. 47.

espécie de *expert* detentor de um saber acima da plebe e gozando de um privilégio sobre os cidadãos ordinários. Começava a decadência da política como o agir comum de cidadãos livres, daí em diante – num processo que chegou ao paroxismo nos tempos modernos – reduzidos, quando muito, à condição de eleitores ocasionais. Confundem-se aqui processos históricos e culturais que incluem desde a decadência de Atenas e, posteriormente, da República romana, até a desvalorização da "esfera política" promovida pelo cristianismo, ao assimilá-la "ao mundo terrestre da concupiscência"[34].

Assim, Platão carrega a responsabilidade de ter substituído a *praxis* da persuasão pela ideia de dominação na ordem do político. O movimento atinge sua culminância, no alvorecer da Modernidade, com o pensamento de Hobbes, que estabelece uma equivalência significativa entre o exercício do poder e o emprego da força bruta. Tal concepção tinha se tornado *natural* às vésperas do século XX, estando presente em pensadores tão diferentes quanto Marx ou Weber – autor da célebre definição do poder como o monopólio do exercício da violência.

> É nesse contexto que nasce a ideia de que a política é uma necessidade, de que a política em sentido amplo é apenas um meio

---

34. POIZAT, J.-C. *Hannah Arendt, une introduction*. Paris: La Découverte, 2003, p. 78.

para se alcançarem fins mais elevados situados fora dela e de que ela deve, portanto, justificar-se em termos desses fins[35].

Em suma, um mal necessário. A conexão entre essa "volta aos gregos" e a crítica a Marx se aclara quando se considera que a participação na *polis* nada tinha a ver com finalidades práticas como a satisfação das necessidades, assunto doméstico por definição. Ou seja, enquanto Arendt, na esteira dos gregos, vê na política a mais nobre atividade humana, Marx a vê como um estorvo do qual convém um dia se livrar. Entendamo-nos: Marx é, como Arendt, um libertário. Afinal, o que quer a revolução tão esperada por ele senão libertar o homem do império da necessidade? Mas é aqui, justamente, que as coisas se complicam. Lembremos que o grego que tinha assento na *polis* era um homem liberto das necessidades materiais da existência, e, portanto, livre para discutir e deliberar com seus pares, igualmente libertos. Havia o mundo privado da casa, onde tais necessidades eram satisfeitas à base da dominação sobre as mulheres e os escravos, e onde não havia que se falar em deliberação, e havia a "esfera pública", onde não havia dominação, mas igualdade. Entre uma coisa e outra, nada. Não havia o que Arendt vai chamar de "sociedade", ou de "o social". Por

---

[35]. ARENDT, H. "Introdução *na* política". Op. cit., p. 188-189.

uma série de razões que não vem ao caso abordar – até pela imensidão do assunto –, posteriormente ao declínio da *polis* ocorreu um fenômeno que adquirirá uma importância cada vez maior e que Arendt assim descreve:

> A esfera da vida e de suas necessidades práticas, que na Antiguidade como na Idade Média fora considerada a esfera privada por excelência, ganhou uma nova dignidade e adentrou a arena pública em forma de sociedade[36].

Estamos aqui diante de um fenômeno que nos é inteiramente familiar: uma concepção de política "na qual o Estado é visto como uma função da sociedade", algo como "*um mal necessário em prol da liberdade social*"[37], prevalecente no mundo moderno. É aqui onde se introduz a crítica a Marx, que se alguma finalidade vê na política é justamente a de pôr-se a serviço dessas necessidades, evidentemente para superá-las, e, com isso, decretando seu próprio fim, por ter se tornado supérflua.

Marx, para Arendt, atribuíra ao trabalho uma importância suprema na vida humana. Opondo-se à tradição que sempre vira nele uma atividade indigna a que só por necessidade as pessoas se su-

---

36. Ibid., p. 199.

37. Ibid., p. 200 [itálicos meus].

jeitavam, Marx o enaltecera como a expressão da própria humanidade do homem. Numa sociedade comunista futura, onde os homens se libertariam da escravidão salarial e o trabalho seria um modo de expressão dessa humanidade, reinaria a abundância e os trabalhadores eles mesmos se encarregariam da "administração das coisas". O Estado e a própria política se extinguiriam, porque afinal um e outra só existem enquanto instituições de dominação necessárias para manter a exploração que condena a maior parte dos homens à tirania da necessidade. O comunismo contém, assim, uma visão paradisíaca de sociedade que Arendt considerava ao mesmo tempo uma ilusão e um pesadelo. Ilusão porque o que de fato aconteceu com a suposta "emancipação do trabalho", tanto em países socialistas como capitalistas, não foi a liberdade, entendida como ausência da necessidade, mas a possibilidade crescente de toda a humanidade ser forçada pela primeira vez a viver sob seu jugo: "A necessidade, não a liberdade, governa a vida da sociedade"[38]. Mas também um pesadelo porque, mesmo que a utopia como Marx a concebera viesse a existir, ela deixaria o homem sem nada mais a fazer a não ser tornar-se um ávido consumidor de coisas. Com força, Arendt diz: "o ideal socialista de uma humanidade sem Estado – que para Marx significava sem políti-

---

38. ARENDT, H. *A promessa da política*. Op. cit., p. 208.

ca – não é absolutamente utópico. É simplesmente apavorante"[39].

Vê-se já nesse texto produzido em meados dos anos de 1950 esboçadas algumas das questões que Arendt se empenharia em explorar nos livros seguintes, todos tendo por pano de fundo a *polis* dos gregos, na qual ela foi descobrir uma das atividades humanas básicas da chamada "vida ativa", a *ação*, que daí em diante praticamente transformará em *leitmotiv* de sua obra no que ela tem de mais característico. Por isso considero que os três livros que se seguem constituem uma espécie de trilogia da ação.

---

39. Ibid., p. 212.

Quarta lição

A trilogia da ação I
A condição humana

> *Deus criou o homem para introduzir no mundo a faculdade de começar: a liberdade.*
>
> Hannah Arendt

Em 1958 aparecia *A condição humana* – que Arendt planejava intitular *Amor mundi* ("amor ao mundo"), valendo-se de uma expressão agostiniana. Começo, discurso e ação são palavras que cintilam a todo instante nesse livro cuja ambição não é certamente a menor das qualidades. Nele se afirma a ontologia bastante particular de Arendt sobre o fenômeno humano, a qual se assenta na sua visão sobre a pluralidade e a singularidade dos homens, ou seja, sobre o fato de que, apesar de sermos todos humanos, "ninguém seja exatamente igual a qualquer pessoa que tenha existido, exista ou venha a existir" (CH, 16). Essa ontologia já estava embrionariamente presente em *Origens do totalitarismo*, quando Arendt empreende uma condenação do nazismo e do stalinismo, dois regimes que, apesar de ostentarem uma retórica de ódio mortal um em relação ao outro, ela vê como partilhando os mesmos traços fundamentais e como levando a um mesmo e terrível efeito: a destruição da singularidade humana.

Para além da óbvia e mesmo reivindicada impiedade que os caracteriza, uma das maiores acusações que Arendt endereça aos regimes totalitários é a de que eles "procuram fabricar algo que não existe, isto é, um tipo de espécie humana que se assemelhe a outras espécies animais, e cuja única 'liberdade' consista em 'preservar a espécie'" (OT, 488). Tal projeto seria, por assim dizer, o crime de lesa-humanidade por excelência, na medida em que "procura sistematizar a infinita pluralidade e diferenciação dos seres humanos" (OT, 488). A situação-limite dessa experiência seria a dos campos de concentração nazistas – mas também a dos campos de trabalhos forçados na versão stalinista – onde, mesmo antes de serem assassinados pelo gás ou pela fadiga, os homens já estão aniquilados: "Morta a individualidade, nada resta senão horríveis marionetes com rostos de homem, todas com o mesmo comportamento do cão de Pavlov, todas reagindo com perfeita previsibilidade mesmo quando marcham para a morte" (OT, 506). Mas é em *A condição humana* que as reflexões de Arendt sobre a singularidade dos homens e a liberdade que lhes é própria recebem um tratamento mais sistemático através do exame das três atividades humanas inerentes ao que ela chama de *vita activa* – por oposição à *vita contemplativa* que ela examinaria mais tarde na obra que ficou inconclusa, *A vida do espírito*.

As três atividades da *vita activa* seriam o *labor*, o *trabalho* e a *ação*. Trata-se de atividades fundamentais porque "a cada uma delas corresponde uma das condições básicas mediante as quais a vida foi dada ao homem na Terra" (CH, 15). O *labor* "é a atividade que corresponde ao processo biológico do corpo humano, cujos crescimento espontâneo, metabolismo e eventual declínio têm a ver com as necessidades vitais" (CH, 15). Em outros termos, no *labor* os homens produzem e consomem os bens necessários à manutenção da própria vida, e porque enquanto tal o homem não é mais do que um entre outros seres vivos, o agente do labor é o que Arendt chama de *animal laborans*. Já no *trabalho* o homem "produz um mundo 'artificial' de coisas, nitidamente diferente de qualquer ambiente natural"

(CH, 15). Trata-se, aqui, do homem enquanto fabricante de bens e coisas duráveis – numa palavra, do mundo que nos rodeia construído pelo homem –, razão pela qual Arendt chama o seu agente de *homo faber*. Bastante diferente do *labor* e do *trabalho*, temos a *ação,* "única atividade que se exerce diretamente entre os homens sem mediação das coisas". Enquanto a condição humana do *labor* é "a própria vida", e a condição humana do *trabalho* é o que ela chama de "mundanidade", a *ação* "corresponde à condição humana da pluralidade, ao fato de que os homens, e não o Homem, vivem sobre a Terra e habitam o mundo". E completa: "Todos os aspectos da condição humana têm alguma relação com a política, mas esta pluralidade é especificamente *a* condição – não apenas a *conditio sine qua non*, mas a *conditio per quam* – de toda vida política" (CH, 15).

É curioso como Arendt elabora definições para o homem enquanto consumidor (*animal laborans*) e enquanto fabricante de objetos (*homo faber*)*,* mas se abstém de "definir" o homem enquanto criatura empenhada na *ação*, como a indicar que aí reside o que seria mais essencial à sua humanidade, bastando, portanto, chamá-lo simplesmente de homem – um ser que, na *ação*, nada mais exprime senão ele mesmo. Mas desse "ele mesmo" inútil procurar em Arendt uma definição, pois para ela a pretensão de conhecer uma essência da natureza humana seria uma tarefa vã e irrealizável "como pular sobre nossa própria sombra" (CH, 18). Ou seja: se o *animal laborans* é regido pela "necessidade", e se o *homo faber* age de acordo com critérios de "utilidade" e "instrumentalidade", o homem arendtiano está destinado a um destino mais nobre: "às 'ociosas' ações e opiniões que constituem a esfera dos negócios humanos" (CH, 242).

Deparamo-nos aqui, todavia, com um problema – e não dos menores. Mesmo que concordemos que "nunca, seja antes ou depois [da Antiguidade], os homens tiveram em tão alta consideração a atividade política e atribuíram tamanha dignidade a seu âmbito", como os gregos, essa dignidade tornou-se problemática para nós modernos, pois, como a própria Arendt reconhece, "as comunidades políticas antigas foram fundadas com o propósito expresso de servir aos livres – aqueles que não eram escravos, sujeitos à coerção por outrem, nem trabalhadores sujeitados pelas necessidades da vida" (EPF, 201). Mas, nesse caso, como conceber sequer possível pensar a política no mundo moderno em termos que excluam os que estão sujeitados pelas necessidades da vida? – ou seja, a imensa maioria da humanidade? A perspectiva grega, se tivermos a coragem de ser coerentes e almejarmos a um mínimo de realismo, só pode levar às democracias censitárias do século XIX! Mas essa "solução" pareceria aberrante à própria Arendt, que, curiosamente, sempre demonstrou admiração pelas instituições de democracia direta que costumam aparecer espontaneamente em períodos revolucionários, como veremos na *Lição* seguinte. Assim, para compreender a "postura grega" de Arendt, temos que continuar seguindo seu pensamento, sobretudo seus receios. Ocorre que, para ela, a Modernidade inteira foi tragicamente capturada pelo *animal laborans*:

> A súbita e espetacular promoção do labor, da mais humilde e desprezível posição à mais alta categoria, como a mais estimada de todas as atividades humanas, começou quando Locke descobriu que o *labour* é a fonte de toda propriedade; prosseguiu quando Adam Smith afirmou que esse mesmo *labour* era a fonte de toda riqueza; e atingiu o clímax no *system of labor* de Marx, no qual o labor passou a ser a origem de toda produtividade e a expressão da própria humanidade do homem (CH, 113).

Daí a "contradição fundamental que – segundo ela – eiva, como um estigma, todo o pensamento de Marx" (CH, 116), qual seja:

> em todos os estágios de sua obra, ele define o homem como *animal laborans* para levá-lo depois a uma sociedade na qual este poder [o de laborar], o maior e mais humano de todos, já não é necessário. Resta-nos a angustiosa alternativa entre a escravidão produtiva e a liberdade improdutiva (CH, 117).

É verdade que, enquanto seres dotados de um corpo que precisa ser provido diariamente, todos partilhamos a condição do *animal laborans* e dela não podemos fugir. O perigo que Arendt vê é quando os ideais das outras atividades também inerentes à condição humana – o *trabalho* e a *ação* – "foram sacrificados em benefício da abundância, que é o ideal do *animal laborans*" (CH, 138). Nesse ponto Arendt empreende uma crítica feroz dos efeitos destrutivos que esse ideal de abundância pode ter em relação ao próprio planeta que habitamos – crítica, aliás, de grande atualidade se considerarmos a crise ecológica em que estamos todos imersos neste começo de milênio. Diz ela:

> as possibilidades introduzidas pelo contínuo desenvolvimento da automação per-

> mitem-nos indagar se a utopia de ontem não terminará vindo a ser a realidade de amanhã [...] até que uma humanidade, inteiramente "libertada" dos grilhões da dor e do esforço, pudesse livremente "consumir" o mundo inteiro e reproduzir diariamente tudo o que desejasse consumir. A quantidade de coisas que apareceriam e desapareceriam a cada dia e a cada hora no processo vital de tal sociedade seria, na melhor das hipóteses, irrelevante para o mundo, caso este e o seu caráter de objeto pudessem suportar o temerário dinamismo de um processo vital inteiramente motorizado (CH, 144).

Essa crítica, como vimos, atinge diretamente Marx e seu projeto de redimir a humanidade pela produção contínua da riqueza, liberando os homens para outras atividades superiores. Para Arendt, enquanto a lógica do *animal laborans* continuar detendo as regras de funcionamento da "esfera pública" – dito de outro modo: enquanto a "política" continuar dominada pelo "social" –, essa libertação não ocorrerá:

> Cem anos depois de Marx sabemos
> [que] as horas vagas do *animal laborans* jamais são gastas em outra coisa
> senão em consumir; e, quanto maior
> é o tempo de que ele dispõe, mais
> ávidos e insaciáveis são os seus apetites. O fato de que estes apetites se
> tornam mais refinados, de modo que
> o consumo já não se restringe às necessidades da vida, mas ao contrário
> visa principalmente as superfluidades
> da vida, não altera o caráter desta sociedade; acarreta o grave perigo de que
> chegará o momento em que nenhum
> objeto do mundo estará a salvo do
> consumo (CH, 146).

O *labor*, estando regido pela lógica de uma necessidade inesgotável, ao invadir e finalmente dominar as outras atividades da *vita activa* submete o *trabalho* à sua lógica e, no caso da *ação*, que deveria ser regida pelo princípio da liberdade, Arendt aponta para o perigo de morte que ronda a sua própria existência:

> Ao invés da ação, a sociedade [moderna] espera de cada um dos seus membros
> um certo tipo de comportamento, impondo

> inúmeras e variadas regras, todas elas tendentes a "normalizar" os seus membros, a fazê-los "comportarem-se", a abolir a ação espontânea ou a reação inusitada (CH, 50).

É por isso que Arendt não poupa críticas ao sucesso – sobretudo nos Estados Unidos – das ciências sociais aplicadas, o que, a seus olhos, era um signo a mais de que a *ação*, no mundo moderno, foi substituída pelo "comportamento". Como diz num de seus melhores epigramas, "o problema das modernas teorias do behaviorismo não é que estejam erradas, mas sim que podem vir a tornar-se verdadeiras" (CH, 335). Como lembra Adeodato, "é difícil classificar Hannah Arendt segundo a habitual dicotomia entre direita e esquerda"[40]. De um lado, ela tece críticas profundas ao "laborismo" tão tipicamente marxista; de outro, ataca com firmeza e erudição raramente igualadas o *american way of life* e seu desenfreado consumismo tão tipicamente capitalista. Tudo isso porque tem medo do *animal laborans*! – porque é visando a atender sua insaciedade que a necessidade invadiu a "esfera pública", o único domínio em que os homens podiam ser verdadeiramente livres. Daí a tese tipicamente arendtiana da degradação da

---

40. ADEODATO, J.M. Op. cit., p. 92.

política na Modernidade, pois "o âmbito adequado para cuidar das necessidades vitais é a gigantesca e sempre crescente esfera da vida social e econômica, cuja administração tem obscurecido o âmbito político desde os primórdios da Época Moderna" (EPF, 202). Mas uma questão para a qual ela nunca deu uma resposta satisfatória é: Poderia ser diferente?

Essa *sui generis* visão arendtiana tem atraído críticas dos mais qualificados leitores. Habermas observa que uma política "depurada das questões relativas à política social", como parece decorrer da concepção arendtiana, "não é um caminho viável para *nenhuma* sociedade moderna" – itálico no original. Arendt, diz ele, "estiliza a imagem da *polis* grega", a seu ver indevidamente[41]. Claude Lefort, por sua vez, convoca a refletir criticamente sobre "a oposição bem marcada entre o que é da ordem do político e o que é da ordem do social"[42]. Afinal, resta a pergunta já tantas vezes feita: O que é a *ação* na concepção arendtiana? Que assuntos os atenienses discutiam em suas assembleias? Hannah não fornece respostas

---

41. HABERMAS, J. "O conceito de poder de Hannah Arendt". *Sociologia*. São Paulo: Ática, 1980, p. 109-110.

42. LEFORT, C. "Hannah Arendt et la question du politique". *Essais sur le politique*: XIXᵉ-XXᵉ siècles. Paris: Seuil, 1986, p. 69.

satisfatórias. Derwent May observa que ela "exclui numerosas atividades práticas ou administrativas [...] de sua grandiosa concepção de 'ação' política"[43]. Lefort insiste: "Valeria a pena se perguntar em que circunstâncias, sob o efeito de que conflitos, que só podiam ser sociais [...], sociedades altamente diferenciadas e hierarquizadas chegaram a admitir camponeses, pequenos comerciantes e artesãos em assembleias onde se decidiam os negócios públicos"[44]. Os únicos critérios que Arendt dá para sua concepção de *ação* são os que excluem "estritamente tudo o que seria apenas necessário ou útil" (CH, 34). Ela fala em "atividades superiores" (CR, 12) e "'ociosas' ações e opiniões que constituem a esfera dos negócios humanos" (CH, 242); considera que a expressão "economia política" teria sido sem sentido na *polis*, "pois o que fosse 'econômico', relacionado com a vida do indivíduo e a sobrevivência da espécie, não era assunto político, mas doméstico por definição" (CH, 38). Noutro local diz que nós, modernos,

> continuamos inscientes do verdadeiro conteúdo da vida política – da recompensadora

---

43. MAY, D. Op. cit., p. 77.

44. LEFORT, C. Op. cit., p. 70 [tradução do autor].

> alegria que surge de estar na companhia de nossos semelhantes, de agir conjuntamente e aparecer em público, de nos inserirmos no mundo pela palavra e pelas ações, adquirindo assim nossa identidade pessoal e iniciando algo inteiramente novo (EPF, 325).

Mas por que esse "algo inteiramente novo" não poderia ser a eliminação da miséria no mundo? Segundo Celso Lafer, Arendt critica essa perspectiva por meios políticos porque, mais do que qualquer outra coisa, temia "a ruptura totalitária"[45] de que Robespierre deu o primeiro exemplo ao erigir "o bem-estar do povo" à condição de "mais sagrada de todas as leis" (SR, 94). Segundo ela própria, como veremos na *Lição* a seguir, se a Revolução Americana – que ela erige como modelo de revolução – não tropeçou no escolho em que fracassou a francesa, é porque não teve a "questão social" como objetivo. Mas do fato de a Revolução Francesa ter soçobrado no terror e de a Revolução Russa ter sido engolida pelo stalinismo, segue-se que toda *ação* política para eliminar a pobreza estaria fadada a um idêntico destino? O livro onde

---

45. LAFER, C. *A reconstrução dos direitos humanos*. Op. cit., p. 130.

Arendt mais ardentemente defende essa tese, *Sobre a Revolução*, opõe-lhe de certa forma um desmentido, pois o exemplo maior que Arendt invoca de uma *ação* entre homens livres e iguais, que está na fundação mesma da república americana, é um agir comum para resolver, entre outras coisas, a questão social! – como veremos a seguir.

Quinta lição

A trilogia da ação II
Sobre a Revolução

> *[...] que um sangue impuro sacie nossas pegadas.*
>
> Trecho da *Marselhesa*, hino revolucionário francês depois adotado como hino da França [tradução do autor].

Anos atrás, numa época em que estava lendo pela primeira vez Hannah Arendt, defrontei-me com uma cena que foi de certa forma e até certo ponto uma confirmação da controvertida concepção arendtiana da política, mas também uma interrogação sobre a validade *política* de sua visão nas condições do mundo moderno. Relato a cena: num canteiro de obras, dois trabalhadores brasileiros misturavam o cimento vestidos de forma praticamente igual: pés descalços, calção e camiseta – uma dessas camisetas que são distribuídas por políticos brasileiros em época de eleições. O que me chamou a atenção não foi essa miséria comumente partilhada, afinal tão trivial num país como o Brasil, mas o fato de que um dos trabalhadores vestia uma camiseta do PT, enquanto o outro vestia uma do extinto PFL... A cena, por um efeito de contraste, pareceu-me uma ilustração perfeita da concepção grega da *polis*: um espaço onde vige a liberdade no qual os homens, libertos das necessidades da sobrevivência, aparecem, falam e agem como iguais. Os dois trabalhadores, apesar da igualdade existencial à qual estavam submetidos, eram obrigados a ostentar no próprio corpo duas mensagens políticas opostas, justamente porque, submetidos à pobreza, não eram livres o bastante para escolher o que vestir. Mas então por que não fazer desse problema uma das questões maiores da política?

Arendt, ao adotar a postura *grega* para avaliar e julgar a política, responderia negativamente a essa questão, considerando a necessidade um fenômeno pré-político estranho à essência da *polis*! É no livro aparecido em 1963, *Sobre a Revolução*, onde, mais do que em qualquer outro lugar, Arendt desenvolve essa sua particularíssima visão com especial obstinação, tomando as revoluções Americana (1776) e Francesa (1789) como estudos de caso, por assim dizer.

O essencial do livro consiste numa reflexão em torno da fundação da *liberdade* – que ela distingue da *libertação* –, projeto que os americanos teriam realizado com sucesso, ao contrário dos seus contemporâneos franceses que, afogados no "despotismo da liberdade" de que falava Robespierre, fracassaram. E o fracasso francês, para Arendt, explica-se pelo fato de ter a Revolução Francesa tentado realizar algo que não é da competência das revoluções: resolver a questão social! A tese que ela defende, mesmo que seja verdadeira, é incômoda: "Foi a necessidade, a carência premente do povo, que desencadeou o terror e condenou a revolução à ruína" (SR, 94). Em compensação, o que salvou a Revolução Americana do terror foi o fato de que o país não conhecia a pobreza, pelo menos nas dimensões europeias, e assim os pais fundadores não foram desviados do rumo original pelas "visões terríveis da miséria humana" (SR, 134). Ou seja: os homens da Revolução Americana já estavam *libertados* e puderam assim fundar a *liberdade*. Evidentemente Arendt reconhece que "a ausência da questão social no cenário americano era, no final das contas, totalmente ilusória, pois a miséria sórdida e degradante estava ubiquamente presente sob a forma da escravidão" (SR, 106). Mas o que importa é que

> a escravidão não fazia parte da questão social, de modo que, estivesse genuinamente ausente ou apenas oculta nas sombras, era inexistente para todas as finalidades práticas, e com ela fazia-se inexistente também a paixão mais forte e talvez mais devastadora que motivara os revolucionários [franceses], a paixão da compaixão (SR, 107).

Para Arendt, quando essa compaixão captura o domínio da política e, por meio dela, tenta modificar as condições materiais a fim de aliviar o sofrimento humano,

> evitará os longos e cansativos processos de persuasão, negociação e acordo, que são os processos da lei e da política, e emprestará sua voz ao próprio sofrer, que deve reivindicar uma ação rápida e direta, ou seja, a ação por meio da violência (SR, 125).

Por isso, o rumo inicial da Revolução Francesa, que era "a fundação da liberdade e o estabelecimento de instituições duradouras", foi desviado "pela imediaticidade do sofrimento" (SR, 131). Arendt está consciente de que "a libertação da necessidade, devido à sua premência, sempre terá prioridade sobre a construção da liberdade" (SR, 155). Mas se a necessidade não cabe no âmbito da política, a quem incumbe dela se ocupar? Arendt desenvolve uma surpreendente concepção tecnocrática dos problemas sociais, que considera "questões administrativas, a ser entregues às mãos de especialistas" (SR, 130). Referindo-se aos revolucionários franceses, diz:

> Os mesmos homens, plenamente capazes de agir na alçada política, fatalmente falhariam se fossem incumbidos de gerenciar uma fábrica ou atender a outras obrigações administrativas. Pois as qualidades do político ou estadista e as qualidades do gerente ou administrador não só são diferentes como muito raramente se encontram na mesma pessoa; o primeiro deve saber lidar com as pessoas num campo de relações humanas, cujo princípio é a liberdade, e o segundo deve saber gerir coisas e pessoas numa esfera de vida cujo princípio é a necessidade (SR, 343).

Nessa rota Arendt chega a dizer coisas capazes de fazer cair o queixo, como essa pérola inacreditável que escreveu num texto de 1962 sobre a Guerra Fria:

> O avanço das ciências da natureza e da tecnologia abriu possibilidades que tornam inteiramente provável que, num futuro de forma alguma distante, sejamos capazes de tratar todas as questões econômicas a partir de fundamentos científicos e técnicos, independentemente de toda consideração política[46].

Custa crer que alguém que conhecia tão bem o coração humano e os abismos de que ele é capaz – "ninguém, exceto Deus, pode ver (e talvez suportar ver) um coração humano desnudado", diz ela (SR, 136) – tenha escrito tal coisa. Na verdade não há como nem por que contornar a constatação de que a obra de Hannah Arendt é, para dizer o mínimo, indiferente à questão social, atitude que se explica pela sua convicção de que a "ruptura totalitária" tem a ver com "a herança jacobina da revolução social" – feita não para libertar o homem da tirania, mas para libertá-lo dos grilhões da necessidade. Esta, definitivamente, não era sua preocupação. Constantemente, aliás, ela adverte contra o "perigo de confundir a felicidade pública e o bem-estar privado", e

---

46. ARENDT, H. "La Guerre Froide et l'Occident". *Penser l'événement*. Paris: Belin, 1989, p. 205.

está sempre a repetir que as ações livres de que fala são aquelas que se dão no espaço da *polis*, vale dizer, no espaço público; não se trata, assim, da mera felicidade privada do liberalismo, mas da "liberdade pública de participação democrática", como lembra seu ex-aluno Celso Lafer[47]. É evidente que ainda aqui pode-se insistir: Participação para quê? A pergunta está longe de ser descabida porque a ação arendtiana teima em ser livre, isto é, liberada dos constrangimentos que a resolução da questão social impõe. Por isso que, na Era Moderna, as únicas experiências políticas que ela elogia estão muito próximas do que teria sido a ação política nas cidades-estados do mundo helênico: os sistemas de *conselhos* que a partir da Revolução Francesa surgem e ressurgem com regularidade no bojo dos eventos revolucionários que se seguiram: a Comuna de Paris, as revoluções de 1905 e 1917 na Rússia, a Revolução Húngara de 1956 etc.

Apesar de todas essas formas de democracia direta terem fracassado, Arendt se recusa a fazer coro com os que consideram "impossível o povo conduzir diretamente os assuntos públicos nas condições modernas" (SR, 329). Ao contrário, critica o

---

47. LAFER, C. "A política e a condição humana". In: ARENDT, H. *A condição humana*. Op. cit., p. x.

"realismo" (as aspas são dela própria) dos que assim pensam, que ela acusa de "descrença nas capacidades políticas do povo" (SR, 338). É de chamar a atenção a autossuficiência com que Arendt desdenha toda a discussão sociológica, que remonta pelo menos a Rousseau e sua crítica da "representação", sobre o problema da democracia direta nas condições do mundo moderno, formado por sociedades extensas e complexas como são as nossas. Ela nunca escondeu o desdém que sentia pela ciência política convencional, que, é verdade, assume um "realismo" muitas vezes rasteiro na análise do fenômeno político. Mas daí a desconsiderar, com o recurso a uma fórmula que é sem dúvida retórica – as "capacidades políticas do povo" –, todas as questões que a participação direta dos cidadãos comuns nos assuntos de governo levantam, vai um passo muito ousado. Além do mais, o "povo" arendtiano parece também envolto numa "estilização" helênica: Ela chega a afirmar – e essa é mais uma de suas afirmações altamente discutíveis – que "por toda parte os conselhos, à diferença dos partidos revolucionários, alimentavam um interesse infinitamente maior pelo aspecto político do que pelo aspecto social da revolução" (SR, 332). Desnecessário é dizer o quanto são ralas as evidências empíricas que ela traz para sustentar tese tão temerária.

Teria sido Arendt uma passadista em busca do espaço público perdido? Muitos, em todo caso, assim a julgaram. Celso Lafer se opõe a essa visão. Para ele, a reflexão arendtiana sobre a política "não constitui, como já foi dito com injusta impropriedade, uma manifestação abstrata e irrealizável de nostalgia helênica diante da sociedade industrial, que permitiu o fenômeno totalitário"[48]. Não estou convencido – pensando sobretudo num livro como *Sobre a Revolução* – de que tais julgamentos sejam inteiramente injustos. Arendt não esconde seu entusiasmo pelos pensadores antigos, e o tom normativo que amiúde assume autoriza que se deduza estar ela distribuindo lições sobre como o mundo deveria ser. Mas, para Jean-Claude Poizat, isso é um "mal-entendido" que convém dissipar: "As constantes referências à antiga cidade ateniense que se encontram na obra de Arendt testemunham menos sua nostalgia de um ideal revolvido do que o esforço de redescobrir o sentido de um pensamento político que conservaria toda sua pertinência para o mundo contemporâneo"[49].

De fato, sem querer refugiar-me na dialética fácil de uma no cravo, outra na ferradura, convém precaver-se contra a tentação imediata

---

[48]. LAFER, C. Op. cit., p. vi.

[49]. POIZAT, J.-C. Op. cit., p. 72.

de considerar que Arendt é simplesmente uma "idealista" ingênua a aspirar por um mundo soterrado por séculos de história. Ela própria refere-se a um "padrão" que "essas épocas estabeleceram", mas, esclarece, "não de modo que suas formas organizacionais intrínsecas pudessem ser imitadas"; o que ela parece querer reter da época em questão são "certas ideias e conceitos" como horizontes de sentido para "as épocas às quais foi negada uma experiência plena de realidade política"[50] – a nossa, evidentemente, sendo uma delas. Segundo ela própria, seria perfeitamente legítimo uma administração que se encarregasse de resolver problemas econômicos, operando um *welfare state*, por exemplo. Escrevendo para homens do século XX, é-lhe impossível não reconhecer "até que ponto e a que enorme extensão a máquina do governo nas sociedades modernas realmente deve executar funções administrativas" (SR, 342) – *ma non troppo*... pois ela lamenta "a que ponto a esfera pública em nossas sociedades de massa se encolheu e está sendo substituída por aquela 'administração das coisas' que Engels previa para uma sociedade sem classes" (SR, 340).

Voltamos ao velho problema, não resolvido, da dicotomia entre o que seria próprio do "so-

---

50. ARENDT, H. "Introdução *na* política". Op. cit., p. 175.

cial", em oposição ao que seria a essência do "político". Para ela, efetivamente, como insistentemente repete, no âmbito da "esfera pública" os homens livres e iguais se inseririam pela palavra e pela ação visando a fins mais nobres do que a satisfação do sempre insaciável *animal laborans*. Numa passagem de *Sobre a Revolução* ela põe essa distinção de forma mais do que nunca clara no meio de um surpreendente elogio a um jacobino que foi o seu exato oposto: Lenin. Ela se refere à "fórmula curiosa, esquecida há muito tempo", que Lenin deu quando lhe pediram que resumisse os objetivos da Revolução de Outubro: "Eletrificação + sovietes". Para ela, nessa fórmula

> temos uma separação totalmente não marxista entre economia e política, uma diferenciação entre a eletrificação como solução para o problema social da Rússia e o sistema de sovietes como novo corpo político, que surgira durante a revolução fora de qualquer organização partidária. [...] Em outras palavras, a libertação da calamidade da pobreza ocorreria por meio da eletrificação, mas o surgimento da liberdade se daria por meio de uma nova forma de governo, os sovietes (SR, 100).

Haveria muito a dizer sobre essa curiosa leitura arendtiana da fórmula leninista, inclusive em relação à legitimidade de uma separação radical entre dois elementos que o autor da fórmula resolveu juntar com o símbolo da adição! Mas como seria muito fácil argumentar contra Arendt utilizando o exemplo dos sovietes – que, se lutavam pela liberdade, lutavam também por terra e pão –, vamos voltar a atenção para o acontecimento fundamental que deu origem ao que mais tarde tornou-se a República Americana. Esse acontecimento foi o Pacto do Mayflower, firmado pelos colonos que desembarcaram no Novo Mundo no século XVII, ao qual Arendt dedica páginas tão belas quanto enternecedoras. Ela observou certa feita que

> para a América o fator determinante sempre foi o lema impresso em toda nota de dólar – *Novus Ordo Seclorum*, Uma Nova Ordem do Mundo. [...] O significado dessa nova ordem, dessa fundação de um novo mundo contra o antigo, foi e é a eliminação da pobreza e da opressão (EPF, 224).

E em *Sobre a Revolução* não diz outra coisa quando lembra que

> a certeza de que a vida na Terra podia ser abençoada com a abundância, em vez de ser amaldiçoada com a penúria, era pré-revolucionária e de origem americana; ela nasceu diretamente da experiência colonial americana (SR, 49).

Ora, essa Nova Ordem no Mundo tem atores, os *Pilgrims*, e uma certidão de nascimento, o Pacto do Mayflower, "redigido no navio e assinado no desembarque" (SR, 218). O que induziu os colonos "solene e mutuamente na presença de Deus e uns dos outros" a congregar-se num corpo político civil foram "as dificuldades e os desencorajamentos que, com toda probabilidade, devem ser previstos quanto à execução desta tarefa" – nos termos dos próprios pactuantes transcritos por Arendt (SR, 225). E continua:

> Não foi nenhuma teoria, teológica, política ou filosófica, mas a decisão de sair do Velho Mundo e se arriscar num empreendimento por conta própria que levou a uma sequência de atos e ocorrências, em que teriam perecido se não tivessem refletido sobre o assunto com dedicação e tempo suficiente até descobrir, quase inadvertidamente, a gramática elementar da *ação política* e

sua sintaxe mais complicada, cujas regras determinam a ascensão e a queda do poder humano (SR, 226 [itálicos meus]).

Nesse trecho Arendt deixa cair a palavra-chave: *ação* – que ela, bem helenicamente, considera como nunca devendo estar submetida às exigências da necessidade – mas, curiosamente, para se referir a um evento motivado pelas "dificuldades e desencorajamentos" dos seus atores, o que diz bem da *necessidade* a que eles estavam submetidos e da utilidade que viram em agir como agiram. Além do mais, essa ação se deu numa circunstância em que homens do Velho Mundo, nas palavras de John Adams que Arendt cita, vieram ao Novo Mundo com a intenção de realizar "um grandioso plano e desígnio da Providência para o esclarecimento dos ignorantes e a emancipação da parcela escrava da humanidade em toda a Terra" (SR, 49) – noutras palavras, libertar o *animal laborans*! Ora, isso que já aconteceu uma vez, por que não poderia acontecer outra?

Sexta lição

A trilogia da ação III
Da violência

> *Hay que endurecerse, pero sin perder la ternura jamás.*
> Che Guevara

O livro sobre a violência é o mais curto de Hannah Arendt. Livro, aliás, talvez seja modo de dizer, pois *Da violência* (DV) apareceu originalmente em forma de artigo com o título de "Reflections on violence" em 1969, mais tarde desenvolvido e reimpresso, já agora sob o título de "On Violence", no livro de ensaios *Crises of the Republic* em 1970. Traduzido entre nós, essa é a edição que aqui utilizo[51]. Cronologicamente, ele vem depois de *Eichmann em Jerusalém*, objeto da *Lição* seguinte. Se

---

51. Sob a forma de livro, curiosamente é o texto de Arendt mais editado no Brasil. Com o título *Da violência* foi publicado pela primeira vez em 1985, pela Editora da UnB; depois, já com o título *Sobre a violência*, foi publicado em 1994 pela Relume-Dumará e, em 2009, pela Civilização Brasileira. Três edições sucessivas em três editoras diferentes! Para a edição que utilizo, cf. Referências.

o abordo antes, é porque, a meu ver, *Da violência* apresenta uma linha de continuidade com os dois livros anteriores, com os quais compõe o tríptico que chamei de trilogia da ação. Considero que há continuidade não pela temática propriamente dita, mas, pensando metodologicamente, pela utilização do conceito de *ação* conforme foi definido nas duas obras anteriores. Antes, porém, aproveitando o tema de que trata o livro, gostaria de começar introduzindo uma questão de candente atualidade sobre o qual a reflexão arendtiana teria algo a nos dizer, até como forma de mostrar ao leitor que obras como a dela podem iluminar aspectos e questões do mundo comum onde vivemos.

Em maio de 2004 fotos de prisioneiros sendo torturados na prisão de Abu Ghraib, em Bagdá, chocaram o mundo. Elas mostravam o que andava se passando nas prisões americanas ao redor do planeta. Hoje se sabe que aquilo não era simples iniciativa local de sádicos com vocação exibicionista, mas práticas que tinham o respaldo do Departamento de Justiça dos Estados Unidos, que tinha permitido o uso de técnicas de interrogatório "duras" contra suspeitos de terrorismo. Passados quatro anos, em novembro de 2008, a dois meses de ocupar o posto mais poderoso da Terra, a presidência dos Estados Unidos, o presidente eleito Barack Obama anunciou a intenção de fechar a prisão militar de Guantánamo como "parte dos esforços para recuperar a estatura moral dos Estados Unidos no mundo", comprometida pela prática de tortura nas várias prisões que instalou pelo planeta em nome do combate ao terrorismo. Por quê? Isto é: Por que uma potência militar dotada da maior força material da história argumenta em nome da moral? Terá a moral, afinal, alguma força? Em qualquer ambiente intelectualmente sofisticado, onde reina hegemônico um modo de pensar herdado dos grandes "mestres da suspeita" – Marx e Nietzsche, sobretudo –, falas como a de Obama costumam ser consideradas hipócritas e encaradas como a "homenagem que o vício presta à virtude", para retomar o célebre dito de La Rochefoucauld. Mas, mesmo aderindo-se à hipótese da hipocrisia, uma questão persiste: Por que a necessidade de render tal homenagem?

Adentrando o espírito arendtiano, lembraria que argumentos morais não são puramente "ideias", na medida em que têm uma *materialidade* atestada pelo fato de que, em seu nome, as pessoas agem – e, ao agir, interferem no mundo. Entretanto, a ação moral atrai menos a atenção e chega mesmo a ter menos prestígio do que o charme devastador das bombas junto aos sedentos de justiça que querem mudar o mundo. A ação violenta responde com rapidez ao impulso humano da vingança, enquanto a ação não violenta – muitas vezes uma *inação* –

exige um comedimento que só espíritos superiores parecem ter: Mandela, Luther King e Gandhi são exemplos disso – e são também evidências de que ela produz resultados. Pode-se objetar que os exemplos são ingênuos: Mandela na prisão era um homem sem opções; e Luther King e Gandhi eram ativistas cuja luta, bem ou mal, era protegida por um quadro legal permitindo manifestações como as que fizeram. Tivessem vivido sob um regime totalitário, nenhum dos dois chegaria aonde chegou: algum campo de concentração selaria cedo o seu destino. O argumento de Arendt é o de que antes que se chegue a uma situação onde já não há nada que se possa fazer, como no caso extremo das "fábricas de morte" dos nazistas, muita coisa – inclusive a ação não violenta – poderia ter sido feita no sentido de se evitarem pontos de não retorno como são os campos de concentração.

Seja como for, a intenção de Obama de reaver a estatura moral perdida pelos Estados Unidos equivale ao reconhecimento de uma perda. No caso, ao permitir-se usar um meio condenável – a tortura – objetivando um fim legítimo – o combate ao terrorismo –, a maior potência do mundo foi surpreendida por um fenômeno que já aconteceu outras vezes noutras latitudes: os fins serem sobrepujados pelos meios! Tais fatos interpelam a velha divisa atribuída a Maquiavel: "os fins justificam os meios". Finalmente, justificam ou não? Questão complexa, cuja solução em abstrato talvez não seja possível. Como enfrentá-la? Uma maneira se não de resolvê-la, mas pelo menos de sobre ela pensar, é retomar a reflexão arendtiana sobre a "violência instrumental", da qual a tortura pode ser considerada *o* exemplo extremo. Como tal, ela é um meio, não um fim em si mesma. Ocorre que a tortura é também o que Arendt chama de *ação*, ou seja, um agir humano que, uma vez iniciado, produz efeitos próprios e imprevisíveis, cujo curso já não é possível de ser controlado por ninguém, nem mesmo por quem o praticou.

Arendt começa sua reflexão evocando o vaticínio de Lenin de que o século XX seria um século de guerras e revoluções – um século em que a violência, cumprindo outro vaticínio célebre, seria a parteira da história. As guerras de libertação nacional que se seguiram ao fim da hecatombe de 1939-1945 confirmaram a previsão. Na distante Ásia, afinal, Mao Tsé-Tung não chegara ao poder anunciando que ele "nasce do cano de um fuzil"? Nas bordas da Europa, a Guerra da Argélia, com o terrorismo de um lado e o emprego da tortura, de outro, tornou-se emblemática da engrenagem que caracterizaria tantas insurreições que a antecederam e a sucederam. E foi do outro lado do Mediterrâneo que aportou na França, em 1961, o livro de Frantz Fanon que deu muito o que falar, *Os condenados da Terra*, justificando a violência do colonizado contra a violência primeira do colonizador. Jean-Paul Sartre, no auge de sua guinada à esquerda, deu-lhe uma audiência mundial ao escrever um prefácio onde ia bem além do que tinha ido Fanon, fazendo o que Arendt chamou de "afirmações grandiosas e irresponsáveis" (DV, 107) como a de que "matar um europeu é matar dois coelhos com uma só cajadada [...] jazem lá um homem morto e um homem livre" (DV, 102).

De outro lado, no contexto da Guerra Fria, as duas superpotências engajaram-se num apocalíptico jogo de xadrez em que não poderia haver xeque-mate. O arsenal de bombas atômicas e de hidrogênio que acumularam, capazes de destruir o planeta centenas de vezes, levou um analista à instigante observação de que se tratava de uma partida jogada de acordo com uma regra insólita: "se qualquer um 'ganhar', é o fim de ambos"[52]. Disso emergiram as famosas "guerras localizadas", como a da Coreia e, em seguida, a experiência bélica mais traumática em que os Estados Unidos se meteram no século que passou, a Guerra do Vietnã – que se estendeu por cerca de intermináveis dez anos, ao fim dos quais contava com a vigorosa oposição de uma sociedade que já não suportava mandar seus jovens morrer no outro lado do mundo por razões

---

52. WHEELER, H., apud ARENDT (DV, 94).

que ninguém mais compreendia, ou assistir diariamente, pela televisão, a maior potência do planeta, seu país, jogar bombas de napalm numa população de velhos, mulheres e crianças correndo horrorizados e desamparados de um lado para o outro. Arendt, que no princípio do envolvimento americano no Sudeste Asiático não tinha tomado posição, foi se tornando uma de suas importantes vozes dissonantes à medida que a guerra foi se intensificando em escala e desumanidade. Internamente, esses também foram anos em que a história se acelerou nos Estados Unidos com as lutas pelos direitos civis dos negros, um movimento galvanizado desde meados dos anos 1950 pela figura de Martin Luther King, um partidário da não violência, mas que, à medida que os anos 1960 avançavam, viu-se emulado por tendências partidárias da violência, como o grupo Panteras Negras. É "tendo estas experiências como fundo" que Arendt desenvolve suas reflexões sobre a violência "no campo da política" (DV, 116).

Retomando um fio que havia desenvolvido em *A condição humana*, ela lembra que o fim da *ação*, diferentemente do que ocorre na atividade do *labor* ou nos produtos do *trabalho*, "nunca pode ser previsto com segurança"; e adverte: "deste modo, frequentemente os meios utilizados para alcançar objetivos políticos são muitas vezes mais relevantes para o mundo futuro do que os próprios objetivos pretendidos". Daí a hipótese central desenvolvida no texto: "A essência da ação violenta é regida pela categoria meio-fim, que, quando aplicada a questões humanas, tem a característica de estar o fim sempre em perigo de ser sobrepujado pelos meios que ele justifica e que são necessários para atingi-lo" (DV, 94). Desbastando conceitualmente o terreno, Arendt desenvolve mais uma de suas controvertidas taxonomias ao afirmar, um tanto aprioristicamente, que a violência, que costumeiramente associamos ao exercício do poder, tem com ele uma relação antitética. De um modo quase didático, define o *poder* como "a capacidade humana não somente de agir, mas de agir de comum acordo". E continua: "Quando dizemos que alguém está 'no poder', queremos dizer que está autorizado por um certo número de pessoas a atuar em nome delas. No momento em que o grupo do qual se originou a princípio o poder desaparecer, seu 'poder' some também" (DV, 123).

Distinta dele, a *violência* se caracteriza pelo caráter instrumental. Arendt reconhece que sua classificação apresenta certa rigidez: "Talvez não seja supérfluo acrescentar que estas distinções [...] quase nunca correspondem a compartimentos estanques no mundo real do qual, contudo, são extraídas" (DV, 124). Reconhece que "nada é mais comum [...] do que a associação de violência e poder", mas disso não decorre que "poder e violência sejam a mesma coisa", ainda que seja "tentador" pensar no poder em termos de obediência – "e desta forma igualar poder e violência" (DV, 125). Mas insiste na tecla do poder como a capacidade de agir de comum acordo, e não mediante coação. Cita, a propósito, um ensinamento de Jouvenel: "O rei, que não passa de um só indivíduo solitário, precisa muito mais do apoio geral da sociedade do que qualquer outra forma de governo" (DV, 120). E faz uma observação arguta em favor de sua tese:

> Mesmo a mais despótica dominação que conhecemos: o domínio do senhor sobre os escravos, que sempre o excediam em número, não repousava em tais meios superiores de coação, mas numa organização superior do poder – ou seja, na solidariedade organizada dos senhores. Homens sozinhos, sem outros que o apoiem, nunca têm suficiente poder para usar a violência com sucesso (DV, 128).

Segue-se depois a famosa advertência:

> A violência, sendo instrumental por natureza, é racional na medida em que for eficaz para alcançar o fim que a deve justificar. E uma vez que, quando agimos, nunca sabemos exatamente as consequências

eventuais daquilo que estamos fazendo, a violência só pode ser racional se persegue *objetivos a curto prazo*. [...] Além disso [...], sempre permanecerá o perigo de serem os fins sobrepujados pelos meios (DV, 149-150 [itálicos meus]).

Nisso, ela insistirá sempre. Como insistirá – numa apreciação final dotada da força costumeira – em lembrar que "a prática da violência, como toda ação, muda o mundo, mas é mais provável que seja uma mudança para um mundo mais violento" (DV, 151).

Sétima lição

A banalidade do mal
Eichmann em Jerusalém

> *[...] minha opinião é de que o mal nunca é "radical", é apenas extremo e não possui profundidade nem qualquer dimensão demoníaca. Ele pode cobrir e deteriorar o mundo inteiro precisamente porque se espalha como um fungo na superfície. [...] Essa é a sua "banalidade". Apenas o bem tem profundidade e pode ser radical.*
>
> Hannah Arendt, em carta ao teólogo Gershom Scholem.

Em 1960, em Buenos Aires, um comando israelense sequestrou e embarcou num avião de carga, com destino a Tel-Aviv, Adolf Eichmann, um dos mais importantes funcionários encarregados da "solução final" para o "problema judeu" no extinto III Reich. Um ano depois, em 1962, ocorreu o seu julgamento. Arendt ofereceu-se como repórter ao jornal *New Yorker* para cobrir o evento. Sendo a celebridade que era, foi obviamente aceita. Talvez não soubesse que estava embarcando no que seria a maior celeuma da sua vida. Quando, no ano seguinte, a série de artigos que escreveu sobre o caso foi publicada em forma de livro com o título *Eichmann em Jerusalém*, o que sobretudo chamou a atenção foi o seu subtítulo: "Um relato sobre a banalidade do mal".

"Não sou o monstro que fazem de mim" – havia dito Eichmann nos depoimentos que dera aos seus captores (EJ, 269). Pois Arendt, ainda que certamente não pelas mesmas razões, concordou com ele: não, Eichmann não era um monstro! Depois de tê-lo visto e ouvido na gaiola de vidro em que estava exposto na sala do tribunal, ela concluiu que "nem com a maior boa vontade do mundo se pode extrair qualquer profundidade diabólica ou demoníaca em Eichmann" (EJ, 311). Ao contrário, considerou-o até um sujeito "normal", e foi isso que a assustou: "O problema com Eichmann era exatamente que muitos eram como ele, e muitos não eram nem pervertidos, nem sádicos, mas eram e ainda são terrível e assustadoramente normais" (EJ, 299). Essas considerações sobre a "normalidade" de um personagem de primeira linha na empresa de destruir um povo inteiro já eram de molde a indispô-la com os sobreviventes agora instalados no papel de acusadores. Mas houve mais, e mais grave. Na sua franqueza habitual, Arendt havia tocado num assunto particularmente doloroso: a cooperação dos judeus, através dos Conselhos Judaicos, na empresa de sua própria destruição! Aí a tempestade desabou.

Entre outros desgastes menores, o caso custou a Arendt uma amizade de trinta anos com o teólogo judeu Gershom Scholem, que "desprezava" o livro[53]. Na verdade Arendt nada estava dizendo que já não fosse conhecido. Mas é o tipo de conhecimento que os historiadores detêm e as pessoas comuns, se têm, preferem nele não pensar, porque nem sempre a verdade é reconfortante. Além do mais, trazendo-a à luz num momento em que os holofotes do mundo estavam voltados para o julgamento de um dos responsáveis por crime tão imenso, era inevitável o sentimento de que ela estava diminuindo a culpa do carrasco ao dividir sua culpa com as vítimas. No contexto, foi realmente duro ler a afirmação que ficou célebre: "Para um judeu, o papel desempenhado pelos líderes judeus na destruição de seu próprio povo é, sem nenhuma dúvida, o capítulo mais sombrio de toda uma história de sombras" (EJ, 134).

Ocorre que, em geral, esse papel foi desempenhado pelos Conselhos Judaicos, que agiam submetidos à horrível chantagem moral de que, sem sua cooperação, os sofrimentos seriam maiores: "Eichmann e seus homens informavam aos Con-

---

[53]. YOUNG-BRUEHL, E. Op. cit., p. 168.

selhos de Anciãos Judeus quantos judeus eram necessários para encher cada trem, e eles elaboravam a lista de deportados" (EJ, 131). E completa de um modo que, no contexto, soava impiedoso: "A verdade integral era que, se o povo judeu estivesse desorganizado e sem líderes, teria havido caos e muita miséria, mas o número total de vítimas dificilmente teria ficado entre 4 milhões e meio e 6 milhões de pessoas" (EJ, 141). A um leitor que a interpelou sobre a responsabilidade pessoal dos líderes dos Conselhos, escreveu: "Há uma desculpa importante para eles: a cooperação foi gradual, e realmente era difícil compreender qual o momento exato em que chegara a linha que nunca deveria ser ultrapassada"[54]. Isso não quer dizer que ela desconhecesse ou diminuísse o drama dos que foram levados, de linha em linha, a ir além do que a imaginação podia suportar. Como pensava Leo Baeck, ex-rabino-chefe de Berlim, um dos "portadores de segredos voluntários", como Arendt definiu tais homens, a mentira piedosa aos que embarcavam nos trens em direção a Auschwitz de que eles iriam simplesmente ser "reassentados" era o menor dos males, pois "viver na expectativa da morte por gás só podia ser pior" (EJ, 135). Num texto posterior, escrito ainda sob a influência da "controvérsia furiosa" desencadeada por seu livro, Arendt abordou

---

54. Apud YOUNG-BRUEHL. Op. cit., p. 308.

essa crucial questão tentando dela extrair algum ensinamento:

> a exterminação dos judeus foi precedida por uma sequência muito gradual de medidas antijudaicas, cada uma das quais foi aceita com o argumento de que a recusa a cooperar pioraria ainda mais a situação – até que se atingiu um estágio em que nada pior poderia possivelmente ter acontecido[55].

A própria Arendt está consciente de que a partir de certa *linha* já não há resistência possível – senão levantes desesperados como o do Gueto de Varsóvia. Mas, quando isso acontece, já se está num contexto de não retorno que foi construído linha após linha... Isto é, sendo a realidade dinâmica, é possível imaginar uma situação de resistência *ex ante* em que ações não necessariamente violentas poderiam ter impedido o resultado *ex post*, tornado possível justamente porque tal resistência não existiu. A propósito disso, ao abordar a complacência que os países ocupados pelos nazistas de um modo geral tiveram em relação à política de caça aos judeus instalada pelos ocupantes, Arendt lembra a excepcionalidade da Dinamarca – que, mesmo não

---

55. ARENDT, H. "Responsabilidade pessoal sob a ditadura". *Responsabilidade e julgamento*. São Paulo: Companhia das Letras, 2004, p. 99.

tendo a mínima condição de afrontar militarmente os alemães, adotou uma posição de resistência firme: o próprio rei fez saber aos ocupantes que ele seria o primeiro a usar a infame estrela amarela no peito se a isso os judeus dinamarqueses, seus súditos, fossem obrigados. E conclui: "É forte a tentação de recomendar a leitura obrigatória desse episódio da ciência política para todos os estudantes que queiram aprender alguma coisa sobre o enorme potencial de poder inerente à ação não violenta" (EJ, 189). Como se vê, não há fundamento para a versão segundo a qual Arendt havia posto a culpa nos próprios judeus pelo seu calvário. Há, sim, um apego à verdade factual dessa história sombria que não desvia os olhos de suas sombras mais terríveis. Se, escreveu ela,

> detive-me sobre esse capítulo do caso, [foi] porque ele oferece uma visão notável da totalidade do colapso moral que os nazistas provocaram na respeitável sociedade europeia – não apenas na Alemanha, mas em quase todos os países, não só entre os perseguidores, mas também entre as vítimas (EJ, 142).

Em correspondência que ainda trocaram ela e Scholem, este recriminou-a por mostrar "poucos traços" de "amor pelo povo judeu". Arendt, que sempre recusou a noção de "culpa coletiva"[56], aparentemente também não acreditava em amor coletivo, e na sua resposta assumiu isso: "eu não 'amo' os judeus, nem 'acredito' neles; meramente pertenço a eles por uma questão de fato, além da controvérsia e da argumentação"[57]. A comunicação entre os dois não ajudou a resolver o imbróglio. A uma observação dele de que ela seria uma intelectual originária da "esquerda alemã", ela objetou com a firmeza de quem aprendeu sua língua materna lendo Goethe: "Se pode ser dito que sou 'originária de algum lugar', este lugar seria a tradição da filosofia alemã"[58].

O conceito de "banalidade do mal" não pegou bem – é o mínimo que se pode dizer. Afinal, qualificar de banal um mal da dimensão do nazismo, um regime capaz de realizar sobre a terra aquilo que sempre se supôs estar enfurnado sob ela – os círculos do inferno –, não seria diminuir a sua enormidade? Antes, no Prefácio de *Origens do totalitarismo*, ela tinha usado palavras aparentemente mais condizentes ao se referir ao nazismo como "mal absoluto (absoluto porque já não pode ser atribuído a motivos humanamente compreensíveis)", realçando que foi por meio dele que conhecemos "a natureza

---

56. Como diz explicitamente em "Responsabilidade pessoal sob a ditadura". Op. cit., p. 91.

57. Apud YOUNG-BRUEHL, E. Op. cit., p. 298-299.

58. Apud MAY, D. Op. cit., p. 98.

realmente radical do mal" (OT, 13). Entre uma coisa e outra, o que aconteceu? A resposta é simples: ela *viu* Eichmann! Ela viu um sujeito que, como ele mesmo disse, nunca maltratou pessoalmente um judeu; um eficiente funcionário que, se serviu ao III Reich, poderia igualmente ter sido um diligente servidor de qualquer outro regime que lhe pagasse o salário, reconhecesse seus méritos promovendo-o regularmente e, ao fim da carreira, pagasse a merecida aposentadoria – numa palavra, um homem *banal*! O que fez ele além de "cumprir ordens" ditadas por um estado soberano que o encarregou de organizar um eficiente sistema de transporte?... A decisão sobre que tipo de "peças" empilhar nos vagões, afinal, não era nem fora de sua competência.

Essas considerações remetem a um artigo que Arendt escreveu ainda durante a guerra, em que investia contra o "pai de família" que, na Alemanha – mas poderia ter sido em qualquer outro lugar –, havia tolerado ou aderido aos horrores nazistas. Esse "devotado" personagem era, nesse sentido, "o grande criminoso do século", porque "para defender sua aposentadoria, o seguro de vida, a segurança da esposa e dos filhos se disporia a sacrificar suas convicções, sua honra e sua dignidade humana"[59]. Eichmann

---

[59]. ARENDT, H. "Culpa organizada e responsabilidade universal". *Compreender*: formação, exílio e totalitarismo. São Paulo/Belo Horizonte: Companhia das Letras/UFMG, 2008, p. 157.

foi um desses homens. Ouvindo a sua cantilena a respeito de dever e patriotismo, Arendt anotou: "Quanto mais se ouvia Eichmann, mais óbvio ficava que sua incapacidade de falar estava intimamente relacionada com sua incapacidade de *pensar*, ou seja, de pensar do ponto de vista de outra pessoa" (EJ, 62). No cadafalso, prestes a ser enforcado, ele não fez senão repetir os clichês de ocasião: "Viva a Alemanha, viva a Argentina, viva a Áustria. *Não as esquecerei*" – itálicos no original. Comentando o que qualificou de "grotesca tolice de suas últimas palavras", Arendt encerra o livro com a frase onde introduz o conceito que se incorporou ao léxico com que hoje refletimos sobre as grandes tragédias do mundo contemporâneo: "Foi como se naqueles últimos minutos estivesse resumindo a lição que este longo curso de maldade humana nos ensinou – a lição da temível *banalidade do mal*, que desafia as palavras e os pensamentos" (EJ, 274). Nesse final Arendt dá forma expressiva à hipótese de que o mal talvez esteja intimamente relacionado a uma ausência de pensamento naquele que o pratica – hipótese que, como veremos na última *Lição*, é de origem socrática e será objeto de intensa reflexão na última fase de sua vida.

Oitava lição

Controvérsias republicanas I
O Caso de Little Rock

> *A instrução é uma necessidade de todos. A sociedade deve favorecer com todo o seu poder os progressos da razão pública, e colocar a instrução ao alcance de todos os cidadãos.*
>
> Art. 22 da Declaração dos Direitos do Homem e do Cidadão na versão jacobina de 1793 [tradução do autor].

A tempestade em torno de Eichmann não foi a primeira que Arendt teve de colher pela ventania que não hesitava em semear ao se achar certa. Ao longo dos anos de 1950, enquanto trabalhava em *A condição humana*, a essa altura uma autora célebre, e sentindo-se plenamente membro da república americana, envolveu-se em questões internas em relação às quais adotou as referências analíticas do livro que estava escrevendo. Foi nesse contexto que surgiu o "Caso de Little Rock", gerador de um de seus ensaios mais controvertidos. É por essa razão, e pelo fato de constituir um bom exemplo de "aplicação" de suas teorias a casos concretos, que o tomo aqui como um exemplo das controvérsias em que se meteu naqueles anos.

Arendt tinha como uma de suas características principais a disposição para enfrentar questões difíceis sem medo de enfrentar o que hoje chamaríamos de "politicamente correto". Se nunca hesitou em chocar seus compatriotas judeus, também nunca hesitou em chocar seus amigos liberais – no sentido americano do termo. Uma das ocasiões em que isso aconteceu foi durante o chamado "Caso de Little Rock", em finais dos anos de 1950. Em obediência a uma decisão da Corte Suprema dos Estados Unidos, o Governo Eisenhower despachou tropas federais para garantir a integração racial em escolas brancas do Sul que se recusavam a admitir crianças negras. Little Rock, cidade do estado sulista do Arkansas, foi um desses locais. Certo dia os jornais publicaram uma foto que se tornou célebre – "uma menina negra saindo de uma escola recém-integrada a caminho de casa: perseguida por uma turba de crianças brancas, protegida por um amigo branco de seu pai, a face dando um testemunho eloquente do fato óbvio de que ela não estava precisamente feliz"[60]. Arendt ficou impactada por aquela foto e

---

[60]. ARENDT, H. "Reflexões sobre Little Rock". *Responsabilidade e julgamento*. Op. cit., p. 261.

resolveu escrever um texto que é ao mesmo tempo corajoso e antipático. Escrito em 1957 para a revista *Commentary*, só em 1959 é que ele veio a ser publicado pela revista *Dissent*. O lapso de tempo entre uma coisa e outra dá conta das peripécias por que o texto passou antes de vir a público. Pressentindo o que estava por vir, a versão original do texto contém uma "observação preliminar" – que não aparece na tradução brasileira – onde Arendt já se protege de antemão das acusações que nem por isso deixaram de vir à tona:

> Como o que escrevo poderá chocar as pessoas de boa vontade e ser deturpado por aqueles que são animados por más intenções, gostaria de dizer claramente que enquanto judia considero que a simpatia que sinto pela causa dos negros, como por todas as populações oprimidas ou desfavorizadas, é uma evidência que não necessita explicação[61].

Mas, mesmo deixando clara a sua solidariedade à causa dos negros, Arendt não hesitou em criticar a política de integração racial forçada nas escolas. Entre outras razões porque, ao gerar situações como a da foto, jogava sobre os ombros de crianças, seres em formação, um peso desproporcional à sua con-

---

61. O trecho da "observação" foi extraído da versão francesa do ensaio "Réflexions sur Little Rock", publicada em *Penser l'événement*. Paris: Belin, 1989, p. 234 [tradução do autor].

dição no mundo. Logo no início do texto Arendt se coloca algumas indagações cujas respostas definem sua postura frente ao caso: "A minha primeira pergunta foi: o que eu faria, *se* fosse uma mãe negra? Resposta: em nenhuma circunstância exporia meu filho a condições que dariam a impressão de querer forçar a sua entrada num grupo em que não era desejado". Até aí, nada a causar qualquer tipo de indignação. Afinal, ao se pôr no papel de uma mãe negra, ela se colocava ao lado da população oprimida e dando uma resposta ditada pelo interesse na dignidade da mãe e da criança. Já na resposta que deu à segunda pergunta – "o que eu faria, *se* fosse uma mãe branca no Sul?" –, a simpatia pelo que respondeu já não era tão evidente, porque aí ela parecia estar se alinhando aos interesses da população opressora: "sentiria ser necessário o meu consentimento para quaisquer mudanças drásticas, não importando qual fosse minha opinião a respeito". E a opinião da "mãe branca" não era das mais simpáticas:

> Concordaria que o governo tem uma participação na educação do meu filho na medida em que essa criança deve crescer e se tornar cidadã, mas negaria que o governo tenha o direito de me dizer em que companhia o meu filho deva receber a sua instrução[62].

---

62. ARENDT, H. "Reflexões sobre Little Rock". Op. cit., p. 261.

Estava criado mais um quiproquó. Arendt escreveu diversas vezes sobre educação e autoridade, sempre assumindo uma posição que qualificaríamos de "conservadora" face ao que ela chamava, não sem ironia, de "educação progressista", uma tendência muito espalhada nas sociedades liberais modernas e que consiste em considerar que as crianças devem ser "emancipadas" do jugo dos adultos. Ela considerava essa tendência uma extensão do impulso libertário que se verificou nas sociedades democráticas do século XX em relação a grupos historicamente oprimidos – notadamente os trabalhadores e as mulheres. Só que a extensão desse impulso ao mundo infantil seria abusiva, porque, enquanto trabalhadores e mulheres são também "pessoas", as crianças são "seres em formação" em que "o simples fato da vida e do crescimento prepondera sobre o fator personalidade". No seu estilo cortante, considerava que tal atitude em relação a crianças era "abandono e traição" (EPF, 238). A reação de Arendt à famosa fotografia, onde se estampava o sofrimento da garota negra tendo de agir como uma militante pela integração reflete posturas teóricas que ela desenvolveu nesses anos, quando vincou com clareza sua distinção entre o "político" e o "social", dicotomia à qual juntaria uma terceira esfera, a do "domínio privado do lar":

> um local seguro, sem o qual nenhuma coisa viva pode medrar. [...] Tudo que vive,

> e não apenas a vida vegetativa, emerge das trevas, e, por mais forte que seja sua tendência natural a orientar-se para a luz, mesmo assim precisa da segurança da escuridão para poder crescer (EPF, 236).

Até aí continuamos num nível que nos parece razoável e compreensível. A criança, de um lado, precisa da "segurança da escuridão"; de outro, ainda não é uma pessoa adulta capaz de expor-se à "luz pública". Mas a coisa começa a desandar quando Arendt, numa quase provocação à nossa percepção moderna do que seja o "social" – que, lembremos, ela distingue do "político" –, diz que a lei "não pode abolir a discriminação e forçar a igualdade sobre a sociedade"[63]. Retomando conceitos e definições trabalhados em *A condição humana*, Arendt define a sociedade como "essa esfera curiosa, um tanto híbrida, entre o político e o privado em que, desde o início da Era Moderna, a maioria dos homens tem passado a maior parte da vida". Ora, diz ela:

> O que a igualdade é para o corpo político – seu princípio intrínseco –, a discriminação é para a sociedade. [...] cada vez que abandonamos as quatro paredes protetoras do nosso lar e cruzamos o limiar do mundo público, entramos primeiro não na esfera

---

63. Ibid., p. 272.

> política da igualdade, mas na esfera social. [...] [e] uma vez lá dentro, nos tornamos sujeitos ao velho adágio "o semelhante atrai o semelhante" que controla toda a esfera da sociedade na variedade inumerável de seus grupos e associações[64].

Não é fácil, nessa esfera, saber como operar com clareza o princípio de dar a César o que é de César. Trata-se de um âmbito contaminado por um hibridismo em que se confundem o que é público, e deve portanto ser rigorosamente submetido ao princípio da igualdade, e o que é privado – e nesse caso é fatalmente regido pelo princípio da discriminação e até mesmo da exclusividade, pois "nessa esfera escolhemos aqueles com quem desejamos passar a vida, os amigos pessoais e aqueles a quem amamos"[65]. A questão que se coloca é: depois que ultrapassamos o umbral da nossa casa e adentramos o domínio do "social" – que, lembremos, ainda não é o do "político" – o exercício da discriminação é legítimo ou, ao contrário, ilegítimo? A resposta arendtiana, em tese pelo menos, é a de que "o costume social da segregação" não é "inconstitucional"; é a sua "imposição legal" que seria[66]. Na verdade, nem

---

64. Ibid., p. 273.
65. Ibid., p. 276.
66. Ibid., p. 270.

seria matéria a ser tratada pelos governos. Levando até o fim a lógica presente na sua curiosa taxonomia, ela diz que "o governo não [tem] o direito de interferir nos preconceitos e práticas discriminatórias da sociedade"; em compensação, "ele não só tem o direito, mas também o dever de assegurar que essas práticas não sejam legalmente impostas". De modo igualmente explícito, diz ela: "O governo não pode tomar legitimamente nenhum passo contra a discriminação social porque o governo só pode agir em nome da igualdade – um princípio que não existe na esfera social"[67].

Fica assim claro por que, em relação à questão levantada pelo caso concreto, Arendt se opõe a que o governo "tenha o direito" de escolher, em lugar dos pais, na "companhia" de quem seus filhos devam receber instrução. Ela dá um exemplo de uma intervenção federal que, essa sim, seria, mais do que legítima, obrigatória, figurando a hipótese de um grupo de pais, brancos e negros, que quisesse integrar seus filhos de diferentes etnias e, para isso, organizasse uma escola inter-racial. Opondo-se a eles, imaginemos que cidadãos sulistas também se organizassem e conseguissem do governo do estado a proibição do projeto. "Esse seria o momento preciso em que, na minha opinião, o governo federal deveria ser chamado a intervir. Pois nesse exemplo

---

67. Ibid., p. 277.

teríamos [...] um caso claro de segregação imposta pela autoridade governamental"[68]. Como se vê, na esfera do "social" a sua posição sobre a legitimidade ou não de uma atitude discriminatória dependerá de que caso se trate. Um tanto *coquette*, ela dirá:

> Se, como judia, desejo passar férias apenas na companhia de judeus, não vejo como alguém pode de maneira convincente me impedir de satisfazer a minha vontade; assim como não vejo razão para que outros locais de férias não atendam a uma clientela que não deseja ver judeus nas férias.

Essa foi no cravo. Mas deu outras na ferradura:

> Entretanto, a questão é inteiramente diferente quando consideramos "o direito de sentar onde lhe apraz num ônibus"[69], vagão ou estação de trem, bem como o direito de entrar em hotéis e restaurantes em distritos comerciais – em suma, quando

---

68. Ibid., p. 264.

69. Muito provavelmente ela está se referindo ao célebre caso da negra Rose Parks que, em 1955, na cidade de Montgomery, Estado do Alabama, recusou-se a deixar o lugar no ônibus em que estava sentada, destinado a brancos, e ir para o fundo do veículo, lugar destinado aos negros. Presa por isso, sua atitude galvanizou a população negra americana em torno da luta pelos direitos civis que teve em Martin Luther King seu maior líder e, finalmente, seu maior mártir.

> lidamos com serviços que, de propriedade privada ou pública, são de fato serviços públicos de que todos precisam para realizar os seus negócios e orientar a sua vida[70].

Na "Observação preliminar" evocada no início desta *Lição* Hannah Arendt adverte que sua intenção não é esgotar o assunto ou mesmo resolver os inúmeros e difíceis problemas que ele implica. Mas não esconde a sua esperança de que sua tentativa, "mesmo desajeitada", de enfrentá-los, "possa ajudar a quebrar a perigosa rotina na qual, dos dois lados, a discussão dessas questões ameaça se atolar"[71]. A frase é pura Arendt. Um bom exemplo de sua disposição para pensar sobre questões candentes e cruciais fugindo dos lugares comuns.

---

70. ARENDT, H. "Reflexões sobre Little Rock". Op. cit., p. 275.

71. ARENDT, H. "Réflexions sur Little Rock". Op. cit., p. 233 [tradução do autor].

Nona lição

Controvérsias republicanas II
A mentira na política

> *A curva que descreve a atividade de pensar deve permanecer ligada ao acontecimento como o círculo permanece ligado ao seu centro.*
>
> Hannah Arendt

Os anos de 1970 são os últimos da vida de Hannah Arendt. Em outubro, morre Heinrich, com quem partilhou boa parte da vida numa relação que o poeta e amigo do casal Randall Jarell caracterizou como uma "monarquia dual". Arendt, como que assumindo o papel de uma tradicional esposa judia, organizou-lhe um serviço fúnebre judaico e guardou luto fechado por muito tempo. No que diz respeito às obras de fôlego que estava acostumada a escrever sobre os "negócios humanos", retraiu-se e voltou-se para as questões do *espírito* – como veremos na *Lição* seguinte. Nem por isso, entretanto, deixou de participar das questões candentes que na primeira metade daquela década agitaram a vida política estadunidense – notadamente as estripulias

113

do Governo Nixon, atropelando as leis do país e do mundo ao levar secretamente a Guerra do Vietnã até o vizinho Camboja, mentir deslavadamente para o Congresso americano e, finalmente, acobertar o gangsterismo no episódio de Watergate. Num discurso que proferiu em Boston em maio de 1975, no quadro das comemorações do bicentenário da República – uma de suas últimas intervenções públicas –, Arendt, referindo-se às ações do governo federal, dispensou qualquer papa na língua e sentenciou: "é como se um bando de vigaristas, mafiosos de pouco talento, tivesse conseguido se apropriar do governo da 'maior potência sobre a Terra'"[72].

Em 1971 ocorreu o escândalo dos "Documentos do Pentágono", como ficou conhecido um calhamaço de 47 volumes, amplamente documentado e encomendado pelo próprio Secretário de Defesa dos Estados Unidos Robert McNamara a respeito da presença americana no Sudeste Asiático desde o fim da Segunda Guerra Mundial. O documento vazou e partes dele foram parar nas páginas do *New York Times*, ocasionando um grande debate sobre *raison d'état* e liberdade de imprensa. O título oficial do documento, naquela linguagem típica de "assessores" que Arendt detestava, era o mais neutro possível: "História do processo norte-ame-

---

[72]. ARENDT, H. "Tiro pela culatra". *Responsabilidade e julgamento*. Op. cit., p. 337.

ricano para tomada de decisões em política vietnamita". Numa linguagem diferente, Arendt escreveu um pequeno texto, "A mentira na política", em que anunciou-o assim:

> O redemoinho de declarações falsas de toda ordem, embustes e mesmo autoembustes, está pronto a engolir qualquer leitor que pretenda pesquisar este material, o qual, infelizmente, deve ser reconhecido como tendo sido a infraestrutura da política interna e externa norte-americana por quase uma década[73].

Arendt aborda algumas questões sobre a verdade factual de eventos históricos e sobre como eles podem ser protegidos seja da "teoria", seja da "manipulação da opinião". A eliminação de tais verdades só pode ser feita através de medidas de "radical destruição" – empresa que ela considera de difícil realização, pois, para atingir esse desiderato, o poder "teria que beirar a onipotência". Voltando a um dos seus primeiros temas, o totalitarismo stalinista, ela exemplifica:

> Para eliminar o papel de Trotsky na história da Revolução Russa não basta matá-lo e eliminar seu nome de todos os registros

---

73. ARENDT, H. "A mentira na política". *Crises da República*. Op. cit., p. 14.

russos, pois não se pode matar todos os seus contemporâneos nem exercer controle sobre as bibliotecas e arquivos de todos os países do mundo[74].

Desnecessário é dizer o quanto Arendt mostra-se feliz por ser cidadã de uma República em que a imprensa é livre e tem uma função importante a cumprir: ser um "quarto poder de governo". Sua preocupação é se "a Primeira Emenda [que proíbe limitar a liberdade de expressão] será suficiente para proteger a mais essencial liberdade política, o direito à informação não manipulada dos fatos, sem a qual a liberdade de opinião não passa de uma farsa"[75]. Essas questões foram teoricamente tratadas em dois textos publicados ainda nos anos de 1960 – no livro *Entre o passado e o futuro* –, aos quais me remeto.

A verdade factual dos bombardeios norte-americanos no Camboja, tanto quanto dos campos de concentração nazistas, alicerça-se em dois pressupostos – um de natureza política, outro de natureza epistemológica –, a saber: é preciso, para que realidades incômodas desse tipo venham à tona, que se esteja num tipo de sociedade em que a palavra possa circular livremente: a democracia; em segun-

---

74. Ibid., p. 21-22.
75. Ibid., p. 46-47.

do lugar, mas não menos importante, que estejamos de acordo acerca de uma evidência que não goza de grande prestígio intelectual em meio ao perspectivismo reinante nos arraiais das ciências humanas: a verdade factual existe e é objetiva! A necessidade de um enunciado desse tipo pode parecer estranha ao senso comum, uma vez que as pessoas em geral acreditam neste postulado como algo certo. Por outro lado, a filosofia, desde que Descartes enunciou sua famosa *dúvida*, ainda não chegou à conclusão de que o mundo existe! – e partilha-se largamente nesse âmbito a opinião segundo a qual "não existem fatos, mas apenas interpretações", de acordo com a famosa perspectiva nietzscheana. O assunto é momentoso e não é minha intenção – ainda que pudesse – dele dar conta, e apenas tangencio-o para dizer algo acerca das reflexões de Arendt sobre as relações entre verdade e política.

Uma de suas qualidades enquanto pensadora era a capacidade de abordar assuntos tormentosos sem perder o bom-senso[76]. Para ela, "a imparcialidade" do historiador é possível e "veio ao mundo quando Homero decidiu cantar os feitos dos troianos não menos que os dos aqueus, e louvar a glória de Heitor não menos que a grandeza de Aquiles". Em sua

---

76. O que a língua inglesa chama de *common sense*, cuja tradução literal entre nós, "senso comum", não tem o mesmo significado. O *common sense* inglês corresponde ao nosso *bom-senso*.

admiração nunca desmentida pelos gregos, qualifica essa atitude como "o mais alto tipo de objetividade que conhecemos" (EPF, 81). Ela não ignora a complexidade do assunto, nem as dificuldades que a empresa da "imparcialidade" acarreta, como deixa claro na questão que ela própria se põe:

> Mas os fatos realmente existem, independentes de opinião e interpretação? Não demonstraram gerações de historiadores e filósofos da história a impossibilidade da determinação de fatos sem interpretação, visto ser mister colhê-los de um caos de puros acontecimentos (e decerto os princípios de escolha não são dados factuais) e depois adequá-los a uma estória que só pode ser narrada em uma certa perspectiva, que nada tem a ver com a ocorrência original? (EPF, 296).

E ela mesma, resolutamente, adianta uma resposta possível:

> Sem dúvida, esta e muitas outras perplexidades inerentes às ciências históricas são reais, mas não constituem argumento contra a existência da matéria factual, e tampouco podem servir como uma justificação para apagar as linhas divisórias entre fato, opinião e interpretação, ou como

uma desculpa para o historiador manipular os fatos a seu bel-prazer (EPF, 296).

Como gostava de fazer, Arendt argumenta fazendo uso de uma *redução do absurdo* da posição contrária, como forma de realçar a correção da posição que adota. Assim, assumindo que está tomando "a palavra no sentido em que os homens comumente a entendem", dá o seguinte exemplo:

> durante a década de 1920, conforme conta a história, [o estadista francês] Clemenceau, pouco antes de sua morte, travava uma conversa amigável com um representante da República de Weimar sobre a questão da culpa sobre a eclosão da Primeira Guerra Mundial. "O que, em sua opinião" – perguntou este a Clemenceau – "pensarão os historiadores futuros desse tema espinhoso e controverso?" Ele replicou: "Isso não sei. Mas tenho certeza de que eles não dirão que a Bélgica invadiu a Alemanha" (EPF, 296).

Arendt está teorizando não sobre uma Verdade maiúscula, mas sobre a verdade como expressão de dados factuais "brutalmente elementares" – "verdades modestas tais como o papel, durante a Revolução Russa, de um homem cujo nome era Trotsky, que não aparece em nenhum dos livros de história russa soviéticos" (EPF, 287). Não é coisa de pouca importância. Provam-no os constantes atentados que os diversos poderes do mundo costumam perpetrar contra tais "verdades modestas". É claro que os fatos não falam por si. Colhidos no "caos de puros acontecimentos" que compõem a inesgotável realidade (e aqui parece estarmos escutando Weber), eles só fazem sentido quando são narrados – e o são sempre a partir de "certa perspectiva", como Arendt mesma reconhece. Ora, a diferença entre perspectiva e manipulação não é das mais nítidas, sabe-o qualquer um que já tenha se debruçado sobre esses graves assuntos. Mas se de antemão renunciarmos a insistir nessa distinção, teremos borrado uma coisa e outra, e desistido da tarefa de pensar – o que nos remete à última *Lição*.

Décima lição

A volta ao primeiro amor
A vida do espírito

> *[...] todo dia é bom para morrer.*
> João XXIII

Hannah morreu da mesma maneira que Heinrich, vitimada por uma crise cardíaca fulminante. No seu caso, não sem advertências emitidas pelo organismo. Fumante inveterada desde a juventude, em 1971 o médico diagnosticou-lhe uma angina, recomendando-lhe parar de fumar. Mas Hannah escreveu à sua amiga Mary McCarthy: "certamente não vou viver em função da minha saúde"[77]. E não parou. Durante esses anos não deixou de intervir pontualmente nos debates políticos e de se interessar pelo que ia pelo mundo – de mau, mas também de bom: na primavera de 1975 a "Revolução dos Cravos" em Portugal reacendeu-lhe a alegria e o entusiasmo que sempre sentia quando os homens, agindo em concerto, empreendiam uma *ação* para

---

[77]. Apud YOUNG-BRUEHL, E. Op. cit., p. 390.

se libertarem da tirania. Dir-se-ia apascentada com a existência, voltando-se cada vez mais para a *vita contemplativa*, tema do que seria sua última obra: *A vida do espírito*. Mas o livro ficaria inconcluso, porque faleceu subitamente em dezembro de 1975, quando servia o café depois de um jantar com amigos no apartamento de viúva onde morava.

Mantendo a mesma estrutura trinária que havia adotado em *A condição humana*, ela agora se debruçava sobre as três atividades básicas do *espírito*, a saber: o *pensar*, o *querer* e o *julgar*. Era a volta ao seu primeiro amor, a filosofia *pura* – se é que se pode chamar de "pura" uma atividade em que Sócrates, "o filósofo *par excellence*", que nada fazia senão perguntas que as pessoas não sabiam responder, tenha pago com a vida uma curiosidade aparentemente sem propósito. Das três partes planejadas, concluiu a primeira, ainda dava retoques na segunda e da terceira, além de notas dos cursos que então dava sobre a filosofia política de Kant, ficou apenas o título no alto da página em branco colocada na máquina de escrever para o trabalho do dia seguinte que não veio: "Julgar".

Como era de seu feitio, Arendt esmiúça as três atividades básicas do espírito ignorando, quando não desdenhando, os modernos conhecimentos produzidos sobre a "mente" e explorando filósofos antigos e teólogos medievais em busca de elementos para embasar a fenomenologia das três atividades como as entendia. É assim justificável que a equipe de tradutores do seu livro no Brasil tenha tido o cuidado de explicar que a tradução de *mind* por "espírito" foi feita de caso pensado, "buscando evitar qualquer aproximação com algum positivismo, mentalismo vulgar ou mesmo com a *philosophy of mind*, vertentes tão distantes do pensamento de Hannah Arendt" (VE, xvii). O "espírito" (*mind*) que lhe interessa não é o da psicologia ou mesmo da psicanálise, que expressamente rejeita, pois nesses assuntos parece-lhe não haver nada de novo sob o sol: "Quando a ciência moderna finalmente começou a iluminar a bíblica 'escuridão do coração humano' ela revelou-se 'um doloroso depósito multicolorido e tesouro de perversidades', como já suspeitara Demócrito". Chega a qualificar os achados da psicologia experimental como "monótona mesmice", valendo-se de uma expressiva imagem para destacar o abismo entre nossa condição fisiológica comum e a variedade inesgotável da pluralidade humana: "Sem o impulso sexual, que se origina em nossos órgãos reprodutivos, o amor não seria possível; mas enquanto o impulso é sempre o mesmo, como é grande a variedade das aparências reais do amor!" (VE, 28-29).

Diferentemente do seu "antecessor", dedicado à *vita activa*, no qual as três partes se encaixam num todo dotado de sentido, em *A vida do espírito* – talvez porque falta a terceira e provavelmente mais importante parte – as questões básicas permanecem imprecisas e as duas atividades analisadas, *O pensar* e *O querer*, não parecem ir dar em lugar algum. Peguemos *O pensar*, a parte mais completa do livro. Mesmo aí não se percebe a que lugar ela chegou. Arendt volta a explorar o argumento que aflorara dez anos antes, por ocasião do julgamento de Eichmann, de que o "pensamento", o diálogo mudo que o indivíduo realiza consigo mesmo, pode ser o caminho para a independência de julgamento e a coragem moral, com efeitos políticos reais. Ela mesma acentua na Introdução que foi desse encontro com a "banalidade do mal" que brotou a ideia do livro sobre a *vita contemplativa* (VE, 5-6). As respostas de Eichmann às questões que lhe eram endereçadas, feitas de "clichês, frases feitas, adesão a códigos de expressão e conduta convencionais e padronizados", chamou-lhe a atenção. Arendt, como sempre, demonstra uma capacidade notável de análise de aspectos da vida que são o lote comum dos seres humanos que habitam o planeta – todos nós. Ela compreende que tais clichês e condutas padronizadas

> têm a função socialmente reconhecida de nos proteger da realidade, ou seja, da exigência de atenção do pensamento feita por

todos os fatos e acontecimentos em virtude de sua mera existência. Se respondêssemos todo o tempo a esta exigência, logo estaríamos exaustos.

E diz que se Eichmann se distinguia de qualquer outra pessoa, era "unicamente porque ele, como ficava evidente, nunca havia tomado conhecimento de tal exigência" (VE, 6) – nada mais. Dito de outra forma, Eichmann pareceu-lhe incapaz de, em algum momento, interromper uma conduta padronizada e exercer a "atenção do pensamento" sobre o que estava fazendo. Mas o que ela diz a seguir, para nosso desconforto, desmente de certa forma o que dissera antes sobre o fato de Eichmann se distinguir do comum dos homens por ser incapaz de interromper o automatismo dos seus atos:

> Foi essa ausência de pensamento – uma experiência tão comum em nossa vida cotidiana, em que dificilmente temos tempo e muito menos desejo de *parar* e pensar – que despertou meu interesse. Será o fazer-o-mal (pecados por ação ou omissão) possível não apenas na ausência de "motivos torpes" (como a lei os denomina), mas de quaisquer outros motivos [...]? Será que a maldade [...] *não* é uma condição necessária para o fazer-o-mal? (VE, 6).

Está colocada a questão que, desde que assistiu ao julgamento, mais lhe interessava ao empreender essa volta às questões do *espírito* nesse ocaso da própria vida:

> A questão que se impunha era: Seria possível que a atividade do pensamento como tal – o hábito de examinar o que quer que aconteça ou chame a atenção independentemente de resultados e conteúdo específico – estivesse dentre as condições que levam os homens a se absterem de fazer o mal, ou mesmo que ela os "condicione" contra ele? (VE, 7).

A longa resposta que Arendt tateou durante esses anos – mas, reconheçamos, não pôde concluir – não parece satisfatória. Ela parte de uma análise muito arguta sobre o que é pensar – esse estar consigo mesmo e consigo mesmo dialogar. Na volta sempre recorrente aos gregos, explora a tese de que essa atividade, sendo um exercício de "con-sciência" no sentido mais rigoroso da palavra, teria potencialidades imunizadoras, a partir da observação socrática, relatada por Platão, de que "é melhor estar em desacordo com o mundo inteiro do que, sendo um, estar em desacordo comigo mesmo"[78]. Nesse mesmo texto, dedicado a Sócrates, escreve:

---

[78]. ARENDT, H. "Sócrates". *A promessa da política*. Op. cit., p. 60.

> Dado que mesmo quando está só você não está completamente só [...], a razão pela qual não se deve matar, mesmo numa situação em que ninguém possa vê-lo, é que você não vai querer viver com um assassino. Ao cometer assassinato, você se coloca na companhia de um assassino para o resto da vida[79].

O problema com essa hipótese é que, como a própria Arendt diz noutro lugar,

> Sócrates, como sabemos, nunca foi capaz de provar a sua proposição; [...] O problema [...] mais profundo com o argumento é o fato de ser tão somente aplicável a pessoas acostumadas a viver explicitamente consigo mesmas, o que é outra forma de dizer que sua validade só será plausível para os homens que têm consciência[80].

Noutras palavras, ela duvida do próprio argumento. Afinal, homens podem ser capazes de falar consigo mesmos e nem por isso estarem livres da tentação de – *pensando* com os seus botões – arquitetar abominações. A hipótese do *pensar* como capaz de imunizar contra a tentação de planejar Auschwitz

---

[79]. Ibid., p. 64-65.

[80]. ARENDT, H. "Responsabilidade coletiva". *Responsabilidade e julgamento*. Op. cit., p. 224.

não parece sólida. Um dos alemães que resistiram a qualquer tentação de pactuar com o regime foi Jaspers, seu mestre sempre querido. Por que resistiu? Porque era dotado da capacidade de *pensar* – ou simplesmente pelo fato de que sua esposa era judia? – e nesse caso qualquer cumplicidade tornar-se, *ipso facto*, uma iniquidade moral? Por momentos, Arendt, grande leitora e admiradora de Kant, parece pender para a hipótese dos famosos imperativos como o elemento capaz de imunizar contra a tentação do mal. Em Kant, como sabemos, "a lei moral dentro de mim" tem a mesma firmeza do "céu estrelado sobre mim" – conforme a célebre proposição[81]. Num curso ministrado em 1965, ela diz:

> Se examinarmos os poucos, os muito poucos, que no colapso moral da Alemanha nazista permaneceram completamente intactos e livres de toda culpa, vamos descobrir que eles nunca passaram por nada semelhante a um grande conflito moral ou a uma crise de consciência. Não ponderaram as várias questões, a questão do mal menor ou da lealdade para com a sua pátria, seu juramento ou qualquer outra coisa que pudesse estar em jogo. [...] Mas nunca duvidaram que os crimes permane-

---

[81]. Sobre o filósofo, remeto a LEITE, F.T. *10 lições sobre Kant*. Petrópolis: Vozes, 2007.

ciam sendo crimes mesmo se legalizados pelo governo.

E, numa tirada tipicamente "categórica", resumiu o que queria dizer observando que se essas pessoas pensaram antes de *não* agir – entenda-se, *não* aderir –, seu pensamento foi algo como: "não posso matar pessoas inocentes, assim como não posso dizer 'dois mais dois são cinco'"[82]. Se me alonguei demasiadamente nessa questão, comprometendo seriamente o equilíbrio na apresentação de *A vida do espírito*, é porque a própria Arendt afirma que a retomada desse problema é o que justificava o livro. Curiosamente, porém, depois de atacá-lo na Introdução, o que vem depois se afasta da preocupação inicial, para não dizer que a abandona, deixando sem resposta a pergunta sobre a possível relação entre a incapacidade de *pensar*, de um lado, e a capacidade de praticar o mal, de outro. Os capítulos que se seguem dedicam-se a questões que não deixam de ser fascinantes, como as perguntas sobre "o que nos faz pensar", "onde estamos quando pensamos" etc. Arendt chegou a cogitar em publicar *O pensar* autonomamente, deixando as duas partes seguintes, dedicadas ao *Querer* e ao *Julgar*, para aparecerem posteriormente em um só volume[83].

---

[82]. ARENDT, H. "Algumas questões de filosofia moral". *Responsabilidade e julgamento*. Op. cit., p. 142.

[83]. McCARTHY, M. "Posfácio da editora". *A vida do espírito*. Op. cit., p. 384.

Uma das razões para isso é que ela estava convicta de que havia uma diferença substancial entre a primeira e as outras duas atividades.

O *pensar* se dava, a seu ver, *fora do mundo*: "o pensamento está sempre fora de ordem, interrompendo todas as atividades ordinárias e sendo por elas interrompido". E dá um exemplo curioso valendo-se (de quem mais?...) de Sócrates, de quem se conta a "velha história" de que "permaneceu vinte e quatro horas em completa imobilidade, em um campo de batalha, mergulhado em pensamentos" (VE, 149). Diferentemente disso, o *querer* e o *julgar* são atividades que "estão bem mais próximas do mundo" (VE, 161). Ou seja, mesmo que nos retiremos do mundo para *pensar* sobre o que *queremos* e sobre o que *julgamos*, o exercício das atividades correspondentes dar-se-á depois da volta a ele – e aí estaremos presos a escolhas para as quais nem sempre o puro *pensamento* é o melhor guia. Ela observa – no que talvez seja uma referência à *impensável* adesão de Heidegger ao nazismo – que muitos dos que se retiram do mundo para um "espaço de pensar" e "celebram a serenidade destas permanências são cegos às realidades políticas e dados a opiniões tolas"[84]. Um bom julgamento, considerava, pressupõe uma retirada do mundo para pensar, é verdade, mas não decorre necessariamente de tal

---

[84]. YOUNG-BRUEHL, E. Op. cit., p. 387.

retirada, porque se dá sempre no mundo, que é feito de particularidades e contingências.

Além dessas diferenças de fundo, a segunda parte da obra, consagrada ao *Querer*, revelou-se bem mais complexa de ser escrita, e faltava-lhe uma direção definida. Há, como sempre, brilhantes e deliciosos momentos, como aqueles que dedica ao velho Santo Agostinho – o "primeiro filósofo da vontade" –, discutindo sua doutrina da predestinação (VE, 264). Igualmente, não perde a oportunidade para alfinetar o pensamento científico da Era Moderna, que ela vê repetindo, noutros termos, o dilema da filosofia cristã que consiste em "conciliar a fé em um Deus todo-poderoso e onisciente com as alegações de uma vontade livre", como exige a noção de pecado. Para ela, o velho e mesmo problema ressurge sob a forma de um choque com a "lei da causalidade" ou com as "leis da história" tão tipicamente modernas (VE, 189). Autossuficiente, descarta com um revés de mão um dos mais expressivos nomes da "filosofia analítica", o oxfordiano Gilbert Ryle, para quem a vontade não passaria de um "conceito artificial". Contrariando-o, Arendt lembra que a "noção de uma vontade livre não só serve como um postulado necessário em toda ética e em todo sistema de leis, mas é também um 'dado imediato da consciência' (nas palavras de Bergson)" (VE, 190).

Tudo isso é bem Arendt, mas resta uma questão: Qual é, finalmente, o objetivo do livro? Sua principal biógrafa teme que *A vida do espírito* "não tenha tornado mais fácil a tarefa de compreender a obra de Hannah Arendt"[85]. Teria sido um modo elegante e reverente de dizer que se trata de um livro dispensável para o *pensamento* da autora – àquela altura cristalizado em obras que vão do monumental *Origens do totalitarismo* ao curto *Da violência*? Talvez.

---

85. Ibid., p. 408.

Conclusão

É uma maldição viver em tempos interessantes.
Máxima chinesa que Arendt gostava de citar.

Hannah Arendt sempre foi uma pensadora forte e desconcertante, e acho que dei suficientes exemplos disso. É verdade que, como toda e qualquer criação, sua obra não reivindica ou tem direito a uma admiração sem reservas. Um exemplo entre outros – ainda que esse talvez seja o mais saliente – é a opinião bem aceita de que Arendt opera uma insustentável despolitização do que chama de "social". É uma perspectiva tão *naïve*, como disse Claude Lefort, que, vinda de um espírito lúcido como o dela, convida a que se reflita mais um pouco sobre tal *naïveté*. Continua intrigando sua famosa "volta aos gregos" – a eleição da *polis* ateniense como ponto arquimédico a partir do qual julgar tudo o que desde então se fez em termos de experiência política no mundo. Não haverá nela uma dose de voluntarismo além do que seria aceitável? Certas de suas afirmações levantam muitas dúvidas. Uma delas refere-se aos métodos de decisão na *polis*, dos quais estariam ausentes a força e a violência, e onde os homens agiriam entre si como iguais entre iguais, "sem coação, força nem dominação", e "conduzindo todos os seus assuntos por meio do diálogo e da persuasão"[86]. É especificamente quanto a essa convicção que Lefort usa o qualificativo de "ingênua", estendendo-o à convicção de que "a troca de palavras é em si igualitária", ignorando o fato de que tal troca pode, ao contrário, "veicular uma desigualdade de poderes"[87]. Afinal, é bom lembrar – como lembra a própria Arendt –, "o fato de Sócrates não ter conseguido persuadir os juízes de sua inocência e seus méritos, tão evidentes para os melhores e mais jovens cidadãos de Atenas", e que foi o desastroso resultado do seu julgamento que "fez Platão duvidar da validade da persuasão"[88].

Seja como for, ela – que sempre demonstrou admiração pelas instituições de democracia direta que aparecem em períodos revolucionários – considerava o paulatino afastamento dos cidadãos dos assuntos de governo – transformados cada vez mais em assuntos para *experts* – uma lástima. A deliberação conjunta, fonte do verdadeiro poder, conti-

---

[86]. ARENDT, H. "Introdução *na* política". Op. cit., p. 172.

[87]. LEFORT, C. *Essais sur le politique*. Op. cit., p. 70.

[88]. ARENDT, H. "Sócrates". Op. cit., p. 47 [itálico no original].

nuou sempre seu horizonte de crítica à sociedade moderna, inclusive daquela em que vivia. Mas a "solução grega", devemos sempre lembrar, concernia apenas a um pequeno número de pessoas que hoje, considerando os valores democráticos herdeiros do Iluminismo, não hesitaríamos em considerar como privilegiados. Arendt não tinha outra solução para esse problema senão criticar o "realismo" dos cientistas políticos que não acreditam na "capacidade do povo". Para uma autora de sua envergadura, convenhamos que é pouco. Além do mais, esse *povo* arendtiano, capaz de – e interessado em – ocupar-se de assuntos de governo, parece mais uma de suas "estilizações", sem maior correspondência com as pessoas do mundo real. Martin Jay, especialista em Escola de Frankfurt, observou certa feita que ela nutria "um frio desdém pelas massas apolíticas"[89].

Em que pese isso, a contrapartida da despolitização do social, a *politização da ação e da palavra livres*, tem muito a nos dizer. É mais uma vez contra o sombrio pano de fundo do totalitarismo e das ditaduras que brilha a reflexão arendtiana. Há no que ela diz uma luminosidade que não podemos deixar se apagar: a paixão pela liberdade. Todos os sobreviventes ou nostálgicos da extinta experiência

---

89. Apud MAY, D. Op. cit., p. 76.

comunista sentem naturalmente a tentação de pôr a pergunta de sempre: "Liberdade para quê?" Acho que Arendt não teria maiores constrangimentos em dar uma resposta baseada na *Apologia de Sócrates*, onde ele especula sobre como seria a vida após a morte e desfruta antecipadamente a companhia de homens ilustres do passado grego que não conhecera – Orfeu, Hesíodo e Homero –, "com os quais gostaria de entabular um daqueles intermináveis diálogos do pensamento, nos quais se tornara mestre" (SR, 178). E no fecho desse mesmo livro, *Sobre a Revolução* – certamente sua obra mais provocadora – ela cita Sófocles que, pela voz de um de seus personagens, tinha finalmente descoberto "o que permitia ao comum dos mortais, jovens e velhos, suportar o fardo da vida: era a *polis*, o espaço dos atos livres e das palavras vivas dos homens, capaz de conferir esplendor à vida" (SR, 351). Em trechos como esse, Arendt parece dar a impressão de considerar que a "quintessência da felicidade humana" (SR, 177) residiria num simples bate-papo com os amigos! E se ela não estiver inteiramente errada?

Não estamos habituados a pensar que é uma questão política de primeira grandeza podermos ler tal ou tal livro, escutar tal ou tal música, receber tal ou tal pessoa. Mas é quando os nazistas queimam livros "degenerados" e os stalinistas proíbem músicas "decadentes", ou quando os militares latinoamericanos, como aconteceu não faz muito tempo entre nós, proscrevem "ideias exóticas estranhas à índole do nosso povo", que nos damos conta do valor desses bens. É quando o medo de que o nosso vizinho seja o informante de uma polícia política qualquer impede a nossa comunicação livre, que percebemos o quanto pode ser político um simples bate-papo – mesmo que não conversemos sobre política – com os amigos. Nesse sentido, sim, todos deveríamos ser *gregos*!

Mas, vale relembrar, a palavra e a ação livres sobre que Arendt tanto insiste não se limitam ao "bem-estar privado", pois se trata, sobretudo, do "direito à felicidade pública" (SR, 178) – ou seja, o direito à participação nas deliberações sobre os "negócios humanos", para usar uma expressão que tanto corre sob sua pena. Curiosamente essa mulher, no discurso que proferiu em Copenhague em abril de 1975, ao receber o Prêmio Sonning que lhe foi concedido pela contribuição à civilização europeia, fez a inesperada confissão de que "por temperamento e inclinação pessoal tendo a me esquivar da esfera pública". E reconhecia: "Isso pode soar falso ou inautêntico para aqueles que leram alguns de meus livros e lembram o meu elogio, talvez até a glorificação, da esfera pública, por oferecer o espaço apropriado das aparências para o discurso e a ação política"[90].

O que teria sido Hannah Arendt se, ainda estudante de filosofia, não tivesse sido arrastada pela fúria da história para o olho do furacão hitlerista? Difícil dizer. Mas é razoável especular que ela, tomada desde muito cedo pelo *amor mundi*, teria continuado se ocupando dos assuntos da "vida do espírito" – porque é dela que dependem "os princípios pelos quais agimos e os critérios pelos quais julgamos e conduzimos nossas vidas" (VE, 56). Assistindo às suas exéquias, Mary McCarthy, escritora, amiga de mais de trinta anos e sua testamenteira intelectual, descreveu sua "testa nobre" e "as pálpebras velando os olhos insondáveis", e lhe ocorreu pensar que "ela não era mais Hannah, mas a máscara mortuária de um filósofo do século XVIII"[91].

---

90. ARENDT, H. *Responsabilidade e julgamento*. Op. cit., p. 70.
91. Apud MAY, D. Op. cit., p. 116.

Referências

ADEODATO, J.M. *O problema da legitimidade*. Rio de Janeiro: Forense Universitária, 1989.

ARENDT, H. *Sobre a Revolução*. São Paulo: Companhia das Letras, 2011.

_____. *Eichmann em Jerusalém*. São Paulo: Companhia das Letras, 2009.

_____. *A promessa da política*. Rio de Janeiro: Difel, 2008.

_____. *Compreender*: formação, exílio e totalitarismo. São Paulo/Belo Horizonte: Companhia das Letras/UFMG, 2008.

_____. "Da violência". *Crises da República*. São Paulo: Perspectiva, 2006.

_____. *Responsabilidade e julgamento*. São Paulo: Companhia das Letras, 2004.

_____. *A vida do espírito*. Rio de Janeiro: Relume-Dumará/UFRJ, 1992.

_____. *Origens do totalitarismo*. São Paulo: Companhia das Letras, 1990.

_____. *Penser l'événement*. Paris: Belin, 1989.

_____. *A condição humana*. Rio de Janeiro/São Paulo: Forense Universitária/Salamandra/Edusp, 1981.

_____. *Entre o passado e o futuro*. São Paulo: Perspectiva, 1972.

ETTINGER, E. *Hannah Arendt/Martin Heidegger*. Rio de Janeiro: Zahar, 1996.

FROMM, E. *O medo à liberdade*. Rio de Janeiro: Zahar, 1960.

HABERMAS, J. "O conceito de poder de Hannah Arendt". *Sociologia*. São Paulo: Ática, 1980.

KOHN, J. "Introdução". In: ARENDT, H. *A promessa da política*. Rio de Janeiro: Difel, 2008.

LAFER, C. *A reconstrução dos direitos humanos*. São Paulo: Companhia das Letras, 1988.

_____. "A política e a condição humana". In: ARENDT, H. *A condição humana*. Rio de Janeiro/São Paulo: Forense Universitária/Salamandra/Edusp, 1981.

_____. *Hannah Arendt*: pensamento, persuasão e poder. Rio de Janeiro: Paz e Terra, 1979.

LEFORT, C. "Hannah Arendt et la question du politique". *Essais sur le politique*: XIXe-XXe siècles. Paris: Seuil, 1986.

LEITE, F.T. *10 lições sobre Kant*. Petrópolis: Vozes, 2007.

LIMA, F.M. "O transitório e o permanente". *Continente multicultural*, ano III, n. 33, set./2003. Recife.

MAY, D. *Hannah Arendt*: uma biografia. Rio de Janeiro: Casa Maria/LTC, 1988.

McCARTHY, M. "Posfácio da editora". In: ARENDT, H. *A vida do espírito*. Rio de Janeiro: Relume-Dumará/UFRJ, 1992.

POIZAT, J.-C. *Hannah Arendt*: une introduction. Paris: La Découverte, 2003.

YOUNG-BRUEHL, E. *Hannah Arendt*: por amor ao mundo. Rio de Janeiro: Relume-Dumará, 1997.

WEFFORT, F. *Por que democracia?* São Paulo: Brasiliense, 1984.

COLEÇÃO 10 LIÇÕES
Coordenador: *Flamarion Tavares Leite*

– *10 lições sobre Kant*
Flamarion Tavares Leite
– *10 lições sobre Marx*
Fernando Magalhães
– *10 lições sobre Maquiavel*
Vinícius Soares de Campos Barros
– *10 lições sobre Bodin*
Alberto Ribeiro G. de Barros
– *10 lições sobre Hegel*
Deyve Redyson
– *10 lições sobre Schopenhauer*
Fernando J.S. Monteiro
– *10 lições sobre Santo Agostinho*
Marcos Roberto Nunes Costa
– *10 lições sobre Foucault*
André Constantino Yazbek
– *10 lições sobre Rousseau*
Rômulo de Araújo Lima
– *10 lições sobre Hannah Arendt*
Luciano Oliveira
– *10 lições sobre Hume*
Marconi Pequeno
– *10 lições sobre Carl Schmitt*
Agassiz Almeida Filho
– *10 lições sobre Hobbes*
Fernando Magalhães
– *10 lições sobre Heidegger*
Roberto S. Kahlmeyer-Mertens
– *10 lições sobre Walter Benjamin*
Renato Franco
– *10 lições sobre Adorno*
Antonio Zuin, Bruno Pucci e Luiz Nabuco Lastoria
– *10 lições sobre Leibniz*
André Chagas
– *10 lições sobre Max Weber*
Luciano Albino
– *10 lições sobre Bobbio*
Giuseppe Tosi

- *10 lições sobre Luhmann*
  Artur Stamford da Silva
- *10 lições sobre Fichte*
  Danilo Vaz-Curado R.M. Costa
- *10 lições sobre Gadamer*
  Roberto S. Kahlmeyer-Mertens
- *10 lições sobre Horkheimer*
  Ari Fernando Maia, Divino José da Silva e Sinésio Ferraz Bueno
- *10 lições sobre Wittgenstein*
  Gerson Francisco de Arruda Júnior
- *10 lições sobre Nietzsche*
  João Evangelista Tude de Melo Neto
- *10 lições sobre Pascal*
  Ricardo Vinícius Ibañez Mantovani
- *10 lições sobre Sloterdijk*
  Paulo Ghiraldelli Júnior
- *10 lições sobre Bourdieu*
  José Marciano Monteiro
- *10 lições sobre Merleau-Ponty*
  Iraquitan de Oliveira Caminha
- *10 lições sobre Rawls*
  Newton de Oliveira Lima
- *10 lições sobre Sócrates*
  Paulo Ghiraldelli Júnior

CATEQUÉTICO PASTORAL

Catequese – Pastoral
Ensino religioso

CULTURAL

Administração – Antropologia – Biografias
Comunicação – Dinâmicas e Jogos
Ecologia e Meio Ambiente – Educação e Pedagogia
Filosofia – História – Letras e Literatura
Obras de referência – Política – Psicologia
Saúde e Nutrição – Serviço Social e Trabalho
Sociologia

TEOLÓGICO ESPIRITUAL

Biografias – Devocionários – Espiritualidade e Mística
Espiritualidade Mariana – Franciscanismo
Autoconhecimento – Liturgia – Obras de referência
Sagrada Escritura e Livros Apócrifos – Teologia

REVISTAS

Concilium – Estudos Bíblicos
Grande Sinal – REB

PRODUTOS SAZONAIS

Folhinha do Sagrado Coração de Jesus
Calendário de mesa do Sagrado Coração de Jesus
Agenda do Sagrado Coração de Jesus
Almanaque Santo Antônio – Agendinha
Diário Vozes – Meditações para o dia a dia
Encontro diário com Deus
Guia Litúrgico

VOZES NOBILIS

Uma linha editorial especial, com importantes autores, alto valor agregado e qualidade superior.

VOZES DE BOLSO

Obras clássicas de Ciências Humanas em formato de bolso.

CADASTRE-SE
www.vozes.com.br

EDITORA VOZES LTDA.
Rua Frei Luís, 100 – Centro – Cep 25689-900 – Petrópolis, RJ
Tel.: (24) 2233-9000 – Fax: (24) 2231-4676 – E-mail: vendas@vozes.com.br

UNIDADES NO BRASIL: Belo Horizonte, MG – Brasília, DF – Campinas, SP – Cuiabá, MT
Curitiba, PR – Fortaleza, CE – Goiânia, GO – Juiz de Fora, MG
Manaus, AM – Petrópolis, RJ – Porto Alegre, RS – Recife, PE – Rio de Janeiro, RJ
Salvador, BA – São Paulo, SP